Die kleine Reimschule

Diana Pyter

Die kleine Reimschule

Gedichte für jeden Anlass

GONDROM

Diana Pyter arbeitete als Hörfunkredakteurin, Moderatorin und PR-Texterin. Heute ist sie Journalistin und Autorin.

Konzept: Medienagentur Drews, Augsburg
Satz: Lydia Koch, Augsburg
Covergestaltung: Katharina Schweissguth, München
Coverillustration: Illustration Works

011

ISBN-10: 3-8112-2731-9
ISBN-13: 978-3-8112-2731-6

5 4 3 2 1

www.gondrom-verlag.de

Inhalt

Einleitung

In Tatsachen gekleidet, fühlt die Wahrheit sich eingeengt.
Im Gewande der Dichtung bewegt sie sich leicht und frei.

Rabindranath Tagore, indischer Dichter, Philosoph und Nobelpreisträger

Verse, Reime, Sprüche und Gedichte sind besonders beliebt, wenn es darum geht, einem Menschen etwas Nettes mit persönlicher Note zu sagen. Ob als Glückwunsch zum Geburtstag, zur Verlobung, zur Hochzeit, zur Taufe oder zur Kommunion und Konfirmation – es gibt genügend Anlässe, mit einem passenden Vers einem lieben Menschen eine Freude zu machen. Doch auch für Einträge ins Poesiealbum oder ins Gästebuch sind ein paar geistreiche Zeilen stets gefragt.

Man muss ja nicht gleich den großen Dichtern der Weltliteratur wie Goethe, Schiller oder Shakespeare nacheifern. Mit ihnen wollen, müssen und können wir uns auch gar nicht messen. Dennoch liegt es in der Natur des Menschen, mit seiner Sprache zu spielen und ähnlich klingende Wörter oder Wortendungen zusammenzufügen. Schon kleine Kinder spielen gerne mit Worten. So finden sie beispielsweise Reime auf ihre eigenen Namen wie Anne – Kaffeekanne, Lara – Sahara, Uli – Pulli. Aber auch viele Abzählverse sind in Reimform geschrieben. Denkt man nur an »Eene, meene, muh und raus bist du. Raus bist du noch lange nicht, sag' mir erst, wie alt du bist.«

Auch in unserem Alltag begegnen uns überall Reime. Tagtäglich werden wir mehr oder weniger unbewusst mit Reimen geradezu überschüttet. Im Fernsehen, im Radio, in Zeitschriften oder im Supermarkt begleiten sie uns auf Schritt und Tritt. Und was wäre die Werbung ohne diese kunstvollen Wortschöpfungen?

Der kreative Umgang mit der Sprache ist dennoch nicht ganz leicht, vor allem dann, wenn man zu einem bestimmten Anlass etwas Schönes dichten soll oder möchte. Dann gilt es, sich mit der Dichtkunst etwas genauer zu beschäftigen, um einen netten Vers oder ein Gedicht zu Papier zu bringen.

Sicherlich findet man in der Literatur eine Menge Gedichte für jeden Anlass oder Sprüche für das Poesiealbum. Eine persönliche Widmung ist dennoch etwas ganz Besonderes. Etwas mehr Fantasie erfordert dann schon der Eintrag im Gästebuch. Hier hat man oft keine inspirierende Verse-Sammlung zur Hand und kann sich in Ruhe etwas Schönes überlegen, sondern muss sich selbst ans Werk machen.

Auch wenn Sie in der Schule manchmal Magendrücken bekamen, wenn es darum ging, sich mit Gedichten auseinander zu setzen oder sie gar auswendig zu lernen und sie – ohne zu leiern – der Klasse vorzutragen, sollten Sie nicht den Mut verlieren und selbst zum Stift greifen. Wagen Sie sich an die Kunst der Dichtung und Poesie heran und entdecken Sie, wie viel Spaß man mit dieser Kunstform haben kann.

Manch einem wurde das Sprachtalent bereits in die Wiege gelegt, andere wiederum tun sich schwer, die richtigen Worte zu finden. Der schlesische Lyriker und Dichter Johann Christian Günther beschreibt diese Situation treffend:

Man lauert, sitzt und sinnt, verändert, schreibt, durchstreicht,
schmeißt Silb und Reim herum, versetzt, verwirft, vergleicht …

Mit ein paar Hilfsmitteln lässt sich das Dichten jedoch erlernen. Sie müssen mit Ihren Versen ja nicht die Welt aus den Angeln heben, sondern lediglich mit ein paar unterhaltsamen und persönlichen Reimen anderen Menschen eine Freude bereiten. Sicherlich können Sie sich – sollte Ihnen partout nichts einfallen – ein paar Verse der großen Dichter leihen. Selbst Gedichte zu verfassen, kann jedoch nicht nur viel Spaß machen, sondern ist ein ganz besonderes Geschenk. Gerade in unserer heutigen schnelllebigen Zeit ist dies ein Präsent von unschätzbarem Wert.

Das Material zum Reimen besitzt jeder – die Wörter der deutschen Sprache. Doch um Verse, Reime und Gedichte zu verfassen, sollten Sie das umfangreiche Material auch richtig einsetzen können. *Die kleine Reimschule* erläutert Ihnen die wichtigen Grundzüge der Dichtkunst. Das Buch dient Ihnen als Hilfsmittel, wenn Sie Ihren dichterischen Fähigkeiten noch nicht vollständig vertrauen, aber dennoch anderen Menschen etwas Außergewöhnliches und vor allem ganz Persönliches in Gedichtform schenken wollen.

Zunächst wollen wir Ihnen die Grundzüge der Verslehre näher bringen beziehungsweise auffrischen, denn wer die Grundregeln der Dichtkunst beherrscht, dem fällt auch das Dichten leichter.

Ein Gedicht ist schließlich nichts anderes als ein kleines oder großes, einfaches oder komplexes Bauwerk, das aus verschiedenen Bausteinen nach einem bestimmten System zusammengesetzt wurde. Die Bausteine des Gedichtes sind Reime, Verse und Strophen.

Anschließend erfahren Sie im Reimknigge wichtige Tipps und Ratschläge, die Ihnen beim Verfassen des Gedichtes immer wieder auf die Sprünge helfen. Der dritte Teil des Buches ist den wichtigen deutschen Reimendungen gewidmet. Hier können Sie nachschlagen, wenn Ihnen kein passendes Reimwort einfallen will. Von den übersichtlich – nach Endungen – gegliederten Reimwörtern können Sie sich außerdem zu neuen Ideen für Ihre Wortwahl inspirieren lassen.

Viel Spaß beim Dichten wünsch' ich Ihnen,
reimen Sie ganz nach Belieben.
Mit der Reimschule zur Hand,
zeigt sich Ihr Gedicht in schönem Gewand!

Kleine Verskunde

Das Lügen und das Dichten sind Künste.

Oscar Wilde, irischer Schriftsteller

Reimen ist eigentlich gar nicht so schwer. Man findet gleich klingende Worte, kleidet diese in wohl klingende Sätze und fertig ist der Reim. Doch ein Reim macht noch lange kein Gedicht aus. Er ist vielmehr ein schmückendes Beiwerk für den Vers.

Viel wichtiger beim Verfassen eines Gedichtes ist die Gliederung der Sprache, die sich durch einen regelmäßigen Takt ergibt. Diese sich wiederholende sprachliche Struktur ist das wichtigste Kriterium, das die Sprache der Gedichte von der der Prosa unterscheidet.

Prosa ist das geschrieben, wo alle Zeilen bis zum Rand laufen;
Poesie ist, wo einige Zeilen noch vor dem Rand aufhören.

Jeremy Bentham, englischer Philosoph

Auf dieses Merkmal kann man die Poesie natürlich nicht reduzieren, dennoch lässt sich schon an der äußeren Form eines Textes erkennen, ob es sich um Dichtung oder Prosa handelt. Anders als bei der Prosa, die durch detaillierte Schilderung oder durch Ausschmückung auch einmal ausschweifen kann, konzentriert sich der Verfasser eines Gedichtes auf die Kürzung und Konzentration auf das Wesentliche. Alles Überflüssige kann reduziert oder ganz weggelassen werden.

Reimen bedeutet aber nicht nur, zwei Zeilen zu suchen, die am Ende gleich klingen und einen schönen Rhythmus haben. Die Lyrik ist weitaus komplexer, denn es gibt zahlreiche Reimformen und Reimfolgen, die Bestandteile eines Gedichtes sein können.

In der Antike mussten sich die Dichter noch an klare Regeln halten. Heute in der Moderne sind diese Regeln längst überholt. Sie haben genügend kreativen Freiraum, um den meist sehr subjektiven Inhalt von Gedichten humorvoll oder ernst, ironisch oder mit viel Wissen verpackt darzustellen. Dennoch erleichtern es Ihnen einige Hilfsmittel, Verse, Reime und Gedichte zu verfassen. Einen Zweizeiler kann fast jeder ohne Mühe zu Papier bringen, doch um ein ganzes Gedicht zu schreiben, ist es sinnvoll, sich ein wenig mit der Theorie des Reimens zu beschäftigen.

Um das Handwerk der lyrischen Dichtkunst zu verstehen, benötigt man zunächst das Grundwissen über die Verslehre, Reime und Strophen.

Verslehre

Die Verslehre (Metrik) ist die Lehre vom Versmaß. Sie geht von der Bestimmung des Versfußes als kleinster Einheit des Verses aus und untersucht die Abfolge und Anzahl von betonten und unbetonten Silben innerhalb eines Verses. Somit kann schließlich das gesamte Versmaß – der Sprachrhythmus – eines Gedichtes bestimmt werden. Die Metrik ist zudem ein gutes Hilfsmittel, um die Stimmung eines Gedichtes zu verstärken. Ein gutes Gedicht zeichnet sich dadurch aus, dass Inhalt und Form übereinstimmen. Wer die Grundkenntnisse der Metrik beherrscht, kann die Form dem Inhalt anpassen, sodass die inhaltlichen Gedanken besonders betont werden.

Betonung und Takt

Der Vers ist eine Zeile in einem Gedicht. Verse entstehen aber erst, wenn sie einen besonderen rhythmischen Aufbau – einen Takt – haben. Dieser spezifische Aufbau charakterisiert das gesamte Gedicht. In der deutschen Dichtung kennzeichnen vor allem die Anzahl der Silben und die Betonung der Silben die Verszeile.

Die Silben der einzelnen Wörter innerhalb eines Verses betont man unterschiedlich, denn es gibt betonte und unbetonte Silben. Folgen betonte und unbetonte Silben einer gewissen Regelmäßigkeit, so entsteht wie in der Musik ein Rhythmus. Diese regelmäßige Aneinanderreihung betonter und unbetonter Silben kann man auch als Takt oder Versmaß bezeichnen. Erst das richtige Versmaß lässt Gedichte melodisch klingen.

Betonte Silben bezeichnet man
in der Metrik als Hebungen,
unbetonte Silben heißen Senkungen.

Wie in der Musik, so gibt es auch in der Dichtung verschiedene Rhythmen. Jeder Rhythmus hat seinen eigenen Reiz und seine besondere Wirkung. Dabei hängt der Rhythmus eines Gedichtes vor allem von den Hebungen ab. Ohne Hebungen klingt ein Gedicht oft wie »heruntergeleiert«.

Die Metrik beschreibt also eigentlich nichts anderes als den Sprachrhythmus. In der deutschen Sprache werden die Silben manchmal unterschiedlich betont. Nicht selten ergibt sich von der Betonung der einzelnen Silben die Bedeutung eines Wortes. Das wird bei den Worten »Gebet« und »gebet« besonders deutlich, die je nach Betonung der beiden Silben eine völlig unterschiedliche Bedeutung haben. Auch das Wort »Konsum« hat – je nachdem, ob man die erste Silbe oder die zweite Silbe betont – zwei Bedeutungen. Betont man die erste Silbe, so bezeichnet man damit eine ehemalige ostdeutsche Landenkette. Betont man hingegen die zweite Silbe (lang), bedeutet das Wort »Verbrauch«.

Die kleinen zusammenhängenden Einheiten einer Betonungsfolge bezeichnet man in der Dichtkunst als Versfüße oder Taktarten. Ein Versfuß setzt sich jeweils aus einer betonten Silbe und ein oder zwei unbetonten Silben zusammen.

Will man die Betonungsfolge eines Verses bestimmen, muss man unterscheiden zwischen hebungsfordernden Silben (Beispiel: Vernunft; Betonung liegt auf der zweiten Silbe), senkungsfordernden Silben (Beispiel: Lager; Betonung liegt auf der ersten Silbe) und Silben, die sowohl betont als auch unbetont sein können (alle einsilbigen Wörter).

Eine betonte, lange Silbe
wird folgendermaßen gekennzeichnet: X
Eine unbetonte, kurze Silbe
wird folgendermaßen gekennzeichnet: x

Taktarten

Die vier wichtigsten Taktarten heißen Jambus, Trochäus, Anapäst und Daktylus.

Jambus Zweisilbiger Versfuß, bei der einer unbetonten Silbe (x) eine betonte Silbe (X) folgt.

Beispiele für jambische Worte: Verbot, Betrug, Gedicht
Das jambische Versmaß erkennt man schön in Goethes Gedicht *Willkommen und Abschied.*

x X x X x X x X x
Es schlug mein Herz, geschwind zu Pferde!

Trochäus Zweisilbiger Versfuß, bei der einer betonten Silbe (X) eine unbetonte Silbe (x) folgt.
Beispiele für Worte im Trochäus: Rose, Liebe, Dichter
Das Versmaß des Trochäus wird in Schillers Gedicht *Die Glocke* ersichtlich.

X x X x X x X x
Fest gemauert in der Erden

Anapäst Dreisilbiger Versfuß, bei der zwei unbetonten Silben eine betonte Silbe (xxX) folgt.
Beispiele für Worte im Anapäst: Zauberei, Malerei, nebenbei, Anapäst
Das Versmaß des Anapästs wird an folgendem Beispiel deutlich.

x x X x x X
Hier steh ich und nicht du

Daktylus Dreisilbiger Versfuß, bei der einer betonten Silbe zwei unbetonte Silben (Xxx) folgen.
Beispiele für Daktylus-Worte: Königin, Heilige, Daktylus

Das Versmaß des Daktylus erkennt man im folgenden Gedicht von Erich Mühsam:

X x x X x x X x x X x
Wollt ihr die Freiheit, so seid keine Knechte

Neben den vier wichtigsten Taktarten existieren natürlich noch eine Reihe weiterer Versmaße, die jedoch im deutschen Sprachgebrauch weniger von Bedeutung sind. Beim Spondeus folgen beispielsweise zwei betonte Silben aufeinander.

X X
Geh fort!

Stammsilbenbetonung

In der deutschen Sprache dominiert die Stammsilbenbetonung, das heißt, dass jeweils der Wortstamm betont wird.

Wenn Sie sich nicht ganz sicher sind, auf welcher Silbe eines Wortes die Betonung liegt, müssen Sie lediglich verwandte Wörter bilden. Außerdem können Sie davon ausgehen, dass in der deutschen Sprache kaum zwei betonte Silben nebeneinander stehen.

Wort: *erschrecken*
verwandte Wörter: *der Schreck, schrecklich*
Wortstamm: *schreck*
Betonung: *erschrecken* xXx

Wort: *gelacht*
verwandte Wörter: *das Lachen, lachend*
Wortstamm: *lachen*
Betonung: *gelacht* xX

Versformen

Ein Vers hat in der Regel ein mehr oder weniger strenges Versmaß. Am häufigsten kommen in Gedichten zwei- bis sechshebige Versmaße vor. Auch hier gilt wie bei den Versfüßen: Verse können vollständig, unvollständig oder übervollständig sein. Die zwei-, drei- oder vierhebigen Verszeilen bezeichnet man als kurze, die fünf- und mehrhebigen als lange Verszeilen. Generell kann man davon ausgehen, dass die meisten Gedichte jambischer Art sind.

Gedichte können zudem in verschiedenen Versformen verfasst sein. Es gibt die antiken Versformen wie den Pentameter, Hexameter und den Alexandriner. Das sind drei klassische Versformen, die allerdings schon der etwas schwereren Kost vorbehalten sind. Zudem gibt es noch den Elfsilber sowie den volkstümlichen deutschen Knittelvers und den englischen Blankvers.

Hexameter Auftaktloser, sechshebiger Vers mit sechs Daktylen, wovon der letzte um eine Silbe gekürzt ist; mit Zäsuren (Einschnitten) gegliedert.

Pentameter Sechshebiger Vers; vorwiegend daktylisches Versmaß; sowohl der dritten und sechsten Hebung fehlen die Senkungen; kommt fast nur zusammen mit Hexameter vor und bildet das Distichon.

Alexandriner Sechshebiger jambischer Vers, mit Zäsur nach der dritten Hebung, beginnt auftaktig mit unbetonter Silbe; manchmal folgt auf die letzte Hebung eine unbetonte, dreizehnte Silbe.

Elfsilber Auftaktiger, sechshebiger jambischer Vers mit Reimschema abba, ohne feste Zäsur, meist um eine oder zwei Silben kürzer als der Alexandriner.

Knittelvers Vierhebiger Vers, der stets paarweise gereimt wird.

Blankvers Fünfhebiger reimloser jambischer Vers; ohne feste Zäsur, besteht aus zehn oder elf Silben.

Rhythmische Mittel

Wenn Sie ein Gedicht verfassen, sollten Sie folgende rhythmische Mittel immer im Auge behalten: die korrekte Betonung, das richtige Tempo und sinnvolle Pausen.

Wie schon ausgiebig geschildert, ist die richtige Betonung ein wesentliches rhythmisches Mittel. Die Betonung bestimmt die Aussage eines Gedichtes. Wollen Sie ein Gedicht professionell präsentieren, müssen Sie die Tonhöhen und die Längenunterschiede der Silben genau beachten. Bedenken Sie außerdem, dass Sie die betonten Silben eher sparsam einsetzen. Bei zu vielen betonten Silben entsteht keine schöne Sprachmelodie.

Das zweite wichtige rhythmische Mittel sind die Pausen. Damit bezeichnet man die Verseinschnitte, die den Vers nach sinngemäßem Sprechen gliedern. Die Pausen müssen aber nicht unbedingt Atempausen sein, sondern können innerhalb des Gedichtes Stimmpausen sein, ohne dass an dieser Stelle neu geatmet wird.

Das sprachliche Tempo ist das dritte wichtige rhythmische Mittel. Dieses hängt jedoch vor allem vom persönlichen Sprechrhythmus und der Stimmung eines Gedichtes ab.

Reimarten

Unter einem Reim versteht man in der Regel zwei Wörter, die vom letzten betonten Vokal an gleich klingen: Baum – Traum, laufen – taufen, Haus – Maus. Die Reimwörter müssen gar nicht unbedingt gleich geschrieben werden, sondern sollten lediglich gleich klingen beziehungsweise gleich ausgesprochen werden. Sucht man nun nach den passenden Reimwörtern, bieten sich viele Möglichkeiten an.

Grundsätzlich unterscheidet man zwischen zwei großen Gruppen von Gleichklängen. Zum einen kann man beim Verfassen von Gedichten den Stabreim wählen und zum anderen steht der heutzutage eher verwendete Endreim zur Verfügung.

Stabreim

Der Stabreim oder die Alliteration (lat. *ad* = zu, *littera* = Buchstabe) ist eine literarische Stilfigur, bei der die betonten Stammsilben zweier oder mehrerer aufeinander folgender Wörter den gleichen Anfangslaut besitzen.

mit Kind und Kegel
hier und heute

Haus und Hof
bei Wind und Wetter
gut und gern

Während heute in den meisten Gedichten Endreime dominieren, bestimmte die Alliteration den Charakter der Dichtung in der Antike. Vor allem in der griechischen und germanischen Dichtung hatte der Stabreim eine viel stärkere Bedeutung als heute, da vor 2 000 Jahren die Endungen in den indogermanischen Sprachen stärker ausgeprägt waren. So endeten beispielsweise im Lateinischen die meisten Hauptwörter auf -us, -a oder -um. Daher war der Endreim in der Antike durch die vielen gleichen Wortendungen nichts Besonderes.

Der Stabreim wurde im Laufe der Zeit mehr und mehr durch den Endreim verdrängt und nur noch selten als Versschmuck verwendet. Setzt man den Stabreim bei einem Gedicht ein, sollte man darauf achten, dass nur betonte Silben miteinander harmonieren, also beispielsweise nicht »Verkehr und Verlass«.

Endreim

Der Endreim bezeichnet den Gleichklang von Wörtern ab dem letzten betonten Vokal. Es können aber auch ganze Silben vom letzten betonten Vokal bis zum Ende des Wortes übereinstimmen. Dabei ist vor allem die Aussprache und nicht die Schreibweise maßgebend. Hierbei müssen Sie auch auf die unterschiedlichen Vokallängen achten, denn gleiche Schreibweisen müssen noch lange nicht die gleiche Aussprache bedeuten. So reimt sich zwar

Aktie auf Hortensie, aber nicht auf Harmonie. Auch das Wort Sache reimt sich zwar auf mache, aber noch lange nicht genau auf Sprache. Mache – Sprache würde man demnach als unreinen Reim bezeichnen, der ebenfalls oft zum Einsatz kommt.

Der Reim ist eng an den Vers – die Gedichtzeile – gebunden. Er trägt dazu bei, den Vers zu bilden, da er das Ende der Verszeile markiert. Der Reim fügt also durch seinen Klang zwei oder mehr Verszeilen harmonisch zusammen.

Wenn Sie sich beim Verfassen Ihres Gedichtes für den Endreim entschlossen haben, bieten sich Ihnen mehrere Möglichkeiten. Dabei können Sie sich beispielsweise an der Silbenzahl oder dem Klang eines Wortes orientieren. Im Folgenden sind die wichtigsten Endreime dargestellt.

Reimformen nach Anzahl der Silben

Männlicher oder stumpfer Reim Dieser Reim ist einsilbig und besteht aus einer betonten Silbe.

Raum – Traum
Laut – Haut
Schwamm – Kamm

Weiblicher oder klingender Reim Dieser Endreim ist zweisilbig und besteht aus einer betonten und einer unbetonten Silbe.

Raben – Knaben
Leben – Reben
laufen – raufen

Dreisilbiger oder gleitender Reim Hier liegen der Reim und die Betonung auf der ersten Silbe und die Betonung gleitet dann über die folgenden Silben weiter.

blühender – sprühender
herzlicher – schmerzlicher

Reimformen nach Klang oder Wortgestalt

Reiner Reim Der reine Reim gehört zur Gattung der Endreime und kann entweder männlich, weiblich oder mehrsilbig sein. Ausschlaggebend für die Reinheit des Reims ist die gesprochene Sprache, denn beim reinen Reim stimmen Vokal und Schlusskonsonanten vom letzten betonten Vokal an überein. Die Schreibweise kann jedoch durchaus verschieden sein.

Sterne – Ferne
Sang – Klang
Jahr – Haar

Unreiner Reim Der unreine Reim kann ebenfalls männlich, weiblich oder mehrsilbig sein. Bei diesem Reim stimmen jedoch die Vokale oder auch die Konsonanten in der gesprochenen Form nicht überein.

Höh – Schnee
Pläne – Lehne
glühen – fliehen

Bei unreinen Reimen können sich auch betonte und unbetonte Silbe reimen.

ich laufe
ich seh

Assonanz Hierbei sind lediglich die Vokale am Gleichklang beteiligt.

trübt – liebt
Dach – Fahrt

Rührende Reime Rührende Reime sind Reime zwischen gleich klingenden Wörtern, die aber eine unterschiedliche Bedeutung haben.

Arm – arm
Leute – läute

Doppel- oder Mehrfachreim Beim Doppel- oder Mehrfachreim reimen sich zwei oder mehr Reimwörter.

Ich gehe in den Wald hinein
und frag mich: Wird es kalt drin sein?

Reimfolgen am Anfang des Verses

Es gibt sowohl Reimfolgen, die am Versanfang als auch solche, die am Ende eines Verses stehen. Zu den wichtigsten Reimfolgen am Anfang eines Verses zählen vor allem der eher seltene Anfangsreim und der Schlagreim.

Anfangsreim Beim Anfangsreim reimen sich die ersten Wörter von zwei aufeinander folgenden Versen.

Krieg! ist das Losungswort.
Sieg! und so klingt es fort.

Johann Wolfgang von Goethe: *Faust II*

Leben – das ist's, was wir wollen.
Streben – das ist's was wir sollen!

Schlagreim Beim Schlagreim reimen sich zwei unmittelbar aufeinander folgende Worte oder Silben innerhalb derselben Zeile.

singende, klingende
brausende, sausende
quellende, schwellende

Reimfolgen am Ende eines Verses

Die häufigsten Reimfolgen, die das Versende markieren, sind Paarreim, Kreuzreim, umarmender Reim, Schweifreim und Kehrreim.

Paarreim Hierbei reimen sich stets zwei aufeinander folgende Reime nach dem Schema aa bb cc dd.

Auf leichten Schwingen frei und flink	a
zum Lindenwipfel flog der Fink	a
und sang an dieser hohen Stelle	b
sein Morgenlied so glockenhelle.	b
Ein Frosch, ein dicker, der im Grase	c
am Boden hockt, erhob die Nase,	c
strich selbstgefällig seinen Bauch	d
und denkt: Die Künste kann ich auch.	d

Wilhelm Busch: *Fink und Frosch*

Haufenreim Beim Haufenreim lautet das Reimschema aaa oder aaaa.

… So laut die Wellen schlagen, a
wir fühlen mit Behagen a
uns hoch zu Schiff getragen … a

Eduard Mörike: *Auf einem Kirchturm*

Wahrheit zog pilgernd durch das Land, a
und weil sie auf Erden nicht Herberg fand, a
hat sie die Schwingen aufgespannt a
und flüchtete sich in der Dichtung Land. a

Felix Dahn: *Von der Wahrheit*

Kreuzreim Der Kreuzreim hat das Reimschema abab.

Auf Flügeln des Gesanges, a
Herzliebchen, trag ich dich fort, b
fort nach den Fluren des Ganges, a
dort weiß ich den schönsten Ort. b

Heinrich Heine: *Auf Flügeln des Gesanges*

Umarmender oder verschränkter Reim Das Reimschema des umarmenden oder verschränkten Reimes ist abba.

Dem Bürger fliegt vom spitzen Kopf der Hut, a
in allen Lüften hallt es wie Geschrei, b
Dachdecker stürzen ab und gehn entzwei b
und an den Küsten, liest man, steigt die Flut. a

Jakob van Hoddis: *Weltende*

Schweifreim Schweifreime kommen oft in Volksliedern vor. Das Reimschema ist aabccb.

Ja, ich weiß, woher ich stamme,	a
ungesättigt gleich der Flamme	a
glühe und verzehr' ich mich.	b
Licht wird alles, was ich fasse,	c
Kohle alles, was ich lasse,	c
Flamme bin ich sicherlich.	b

Friedrich Nietzsche: *Ecce Homo*

Kehrreim Unter einem Kehrreim versteht man die Wiederholung eines Verses am Schluss einer Strophe. Meistens tritt der Kehrreim als Refrain in Volksliedern auf. Ein berühmtes Beispiel findet man in dem bekannten Volkslied *Die Vogelhochzeit*. Hier wiederholt sich der Refrain *Vidirallala, vidirallala, vidirallalalala* am Ende jeder Strophe.

Sonderformen von Reimfolgen

Neben den Reimfolgen am Versanfang und am Versende gibt es einige Sonderformen, zu denen unter anderem der Binnenreim, der Mittenreim, der Schüttelreim und der Limerick zählen.

Binnenreim Bei einem Binnenreim reimen sich zwei oder mehr Wörter innerhalb einer Verszeile.

Er lief und schlief
und lachte sich schief.

Mittenreim Von einem Mittenreim spricht man, wenn sich das Versende mit einem Wort aus dem Inneren der vorangegangenen oder der nachfolgenden Verszeile reimt.

Herbst, du sollst mich Haushalt lehren,
zu entbehren, zu begehren,
und du, Winter, lehr mich sterben,
mich verderben, Frühling erben.

Clemens von Brentano: *Lieb und Leid*

Schüttelreim Der Schüttelreim ist eine Sonderform des Doppelreims. Hierbei werden die Anfangskonsonanten der letzten beiden betonten Silben miteinander vertauscht.

Beim Flachdach
ist das Dach flach.

Wenn wir die Schätze heben lassen,
wird keiner mehr sein Leben hassen.

Ich trage eine Schottenmütze,
dass ich mein Haar vor Motten schütze.

Reicher Reim Beim reichen Reim, der vor allem in der französischen Dichtung vorkommt, reimt sich bereits die Silbe vor der letzten betonten Silbe.

maison – saison
lachen – machen
richtet – dichtet

Limerick Ein Limerick ist ein scherzhaftes Gedicht mit unsinnigem Inhalt – ein Nonsens-Vers. Der Limerick umfasst fünf Verse, und zwar drei lange und zwei kurze mit dem Reimschema aabba. Die erste Zeile des Limericks beginnt oft mit einer Person und endet mit einem Ortsnamen, auf den sich dann das Ende der zweiten und fünften Verszeile reimt. Die letzte Zeile beinhaltet gewöhnlich die Pointe.

Der Erfinder des Limericks war der englische Schriftsteller Edward Lear. Als einer der ältesten Limericks gilt folgender:

There was a young lady from Riga,
who smiled as she rode on a tiger.
They returned from the ride
with the lady inside
and a smile on the face of the tiger.

Generell lässt sich sagen: Trotz aller theoretischer Vorgaben sind der Reimbildung keine Schranken gesetzt. Die Wahl des richtigen Reimes wird wesentlich von der jeweiligen gewünschten Aussage mitbestimmt. Diese wiederum ist eng mit der Persönlichkeit des Schreibers verknüpft. Für welche Reimmöglichkeit sich der Verfasser eines Gedichtes letztendlich entscheidet, hängt ganz von seiner Intention ab. Der Reim unterstützt die Entstehung eines Gedichts maßgebend, da er den Gedanken erst richtig zu Durchbruch und Ausdruck verhilft.

Selbst viele berühmte Dichter haben sich nicht unbedingt an den reinen Reim gehalten und dennoch sind wunderschöne Gedichte entstanden. Aber – wie schon mehrfach erwähnt – ein Reim allein macht noch lange kein Gedicht aus.

Strophenformen

Gedichte bestehen meist aus mehreren Versen, die jedoch ganz unterschiedlich angeordnet sein können und in Strophen zusammengefasst werden.

In der Regel besteht eine Strophe aus zwei oder mehr Verszeilen, die einen gemeinsamen Inhalt haben. Am häufigsten hat eine Strophe vier Verszeilen mit mehreren möglichen Reimfolgen (Paarreim, Kreuzreim oder verschränkter Reim). Dreizeiler sind natürlich auch möglich, jedoch etwas ungewöhnlicher.

Die Strophen werden allerdings nicht willkürlich eingeteilt. Die Strukturierung dient vielmehr der poetischen Darstellung des Inhalts. Nicht immer eignet sich der Inhalt eines Gedichtes dazu, die Strophen völlig identisch zu gliedern. Vor allem Gedichte in freien Formen haben unterschiedlich lange Strophen.

Es gibt mehrere Strophenformen, die durch ein streng geregeltes Versmaß oder ein besonderes Reimschema strukturiert sind. Diese sollen an dieser Stelle jedoch nur kurz erwähnt werden, da sie heutzutage weniger von Bedeutung sind.

Zwei Beispiele für wichtige Strophenformen sind das antike Distichon oder die germanisch-deutsche Volksliedstrophe. Das Distichon ist ein ungereimter Zweizeiler, der die Versformen Hexameter und Pentameter miteinander verbindet.

Friedrich Schiller verfasste ein Distichon mit dem Titel *Distichon*, das zugleich als Merkvers gelten kann:

Im Hexameter steigt des Springquells flüssige Säule,
im Pentameter drauf fällt sie melodisch herab.

Eine Volksliedstrophe besteht in der Regel aus vier, manchmal auch aus sechs Versen, die im Paar- oder Kreuzreim gereimt sind. Ein berühmtes Beispiel hierfür ist der Anfang des als Volkslied bekannten Gedichtes *Der Mond ist aufgegangen.*

Der Mond ist aufgegangen,
die goldnen Sternlein prangen
am Himmel hell und klar.
Der Wald steht schwarz und schweiget,
und aus den Wiesen steiget
der weiße Nebel wunderbar.

Matthias Claudius

Es gibt natürlich auch viele Gedichte, die sich nicht reimen. Vor allem in modernen Gedichten verzichten die Verfasser oft auf Reime. Selbst große Dichter wie Friedrich Schiller, Heinrich Heine und Conrad Ferdinand Meyer haben sich bei einigen Gedichten von den strengen Vorgaben der Reimformen gelöst, und dennoch großartige Gedichte geschaffen. Andererseits kann man auch längst nicht alles, was sich reimt, als Gedicht bezeichnen. Aber über Kunst lässt sich bekanntlich nicht streiten.

Theoretisch wissen Sie jetzt, wie man die einzelnen Bausteine – Reime, Verse und Strophen – zum Gesamtkunstwerk Gedicht zusammenfügt. In der Praxis wird Ihnen das Reimen dennoch manchmal etwas Kopfzerbrechen bereiten, wenn Ihnen nicht die richtigen und passenden Worte oder Reime einfallen wollen. Mit dem folgenden Reimknigge wollen wir Ihren Gedanken noch weiter auf die Sprünge helfen.

Reimknigge

Das Dichten ist eine Sache uralter Zeiten.
Ob einer es kann oder nicht, weiß unser kleines Herz sofort.

Fu Tu, chinesischer Dichter

Damit aus flüchtigen Gedanken und Ideen ein Gedicht werden kann, das je nach Ihrer Lust und Laune oder Absicht entweder romantisch oder geistreich, lustig oder kurzweilig ist, gilt es noch ein paar weitere Spielregeln als das Reimen, den richtigen Rhythmus oder die Stropheneinteilung zu beherrschen. Denn mit guter Vorbereitung und strategischem Vorgehen werden Sie mit Ihrem Kunstwerk sicherlich gut ankommen. Dabei müssen Sie jedoch immer bedenken, dass Gedichte etwas sehr Persönliches und Subjektives sind. Die Meinungen dazu können weit auseinander gehen. Lassen Sie sich davon aber nicht entmutigen, denn: Wer wagt, gewinnt.

Je intensiver Sie sich mit Gedichten befassen, desto origineller und individueller können Sie sich ausdrücken. Auch die Klarheit der Ausdrucksweise nimmt zu. Mit zunehmender Übung lernen Sie außerdem, mit den verschiedenen Kombinationsmöglichkeiten der Reime zu spielen, und verfügen über einen Nuancenreichtum an Wissen über die Welt, das Sie sich aus vielfältigen Perspektiven angeeignet haben. Daher werden Sie immer sicherer im Umgang mit der Sprache und können mit Ihrem großen Erfahrungsschatz mehr und mehr auf Standardformulierungen und Klischees verzichten.

Wenn Sie ein Gedicht verfassen wollen, gehen Sie – in Verbindung mit Ihrem Wissen über die Metrik – am besten nach folgender Strategie vor.

Ideen sammeln

Bei Gedichten kommt es nicht auf die Länge an, sondern auf den Inhalt, der sprachlich kunstvoll verpackt werden soll. Schön, wenn Sie in den Versen Ihre eigene persönliche Handschrift hinterlassen können. Das bedarf jedoch einiger Übung. Mit einem Vers, einem Spruch oder einem Gedicht gibt der Verfasser immer etwas von seinem Inneren und seiner eigenen Persönlichkeit preis. Wenn man das Gedicht selbst verfasst, dann ist dies umso mehr der Fall, als wenn man sich die Zeilen von berühmten Dichtern nur leiht.

Zunächst sollten Sie das Thema des Gedichtes festlegen. Wie man das Gedicht nach den formalen Kriterien verfasst, haben Sie ja bereits auf den vorhergehenden Seiten gelernt. Es sollte aber auch vom Inhalt und der Darstellungsweise zu dem beschenkten Menschen passen. Stellen Sie deswegen im Vorfeld einige Überlegungen an. Machen Sie sich Gedanken über die Person, die Sie mit den netten Zeilen beglücken wollen.

- Wollen Sie für einen Mann, eine Frau oder ein Kind etwas dichten?
- Wie nahe steht Ihnen diese Person?
- Handelt es sich um eine junge oder eine ältere Person?
- Welche Vorlieben, Interessen oder Hobbys hat der Beschenkte?
- Wie ist der Charakter der Person? Ist sie eher ernst oder humorvoll? Optimistisch oder pessimistisch?
- Versteht die Person auch einmal einen Witz und kann sie über sich selbst lachen?

Wenn das Thema klar ist und die obigen Fragen geklärt sind, können Ihnen die nachfolgenden Punkte zeigen, welche Gefühle Sie zu den verschiedenen Anlässen ansprechen können.

Diese Themen passen zu folgenden Anlässen:

- **Liebe** Große Gefühle, rührende und niedliche Themen
- **Hochzeit** Liebe, Glück und Treue
- **Geburtstag, Geburt, Taufe, Jubiläum** Glück, Gesundheit
- **Muttertag** Dankesworte, Liebe, Glück
- **Umzug** Stolz auf die eigenen vier Wände, Zukunft
- **Schulanfang** Ratschläge für den Ernst des Lebens
- **Poesiealbum** Merkverse, Lebenstipps

Folgende Fragen können Sie ebenfalls in Ihre Überlegungen miteinbeziehen:

- Was bewegt Sie, wenn Sie beispielsweise auf 25 Ehejahre zurückblicken oder wenn Ihre Tochter oder Ihr Sohn heiratet?
- Wie können Sie stimmungsvoll den neuen Erdenbürger begrüßen?
- Welche Pannen gab es vielleicht beim Umzug in das neue Heim?
- Wie können Sie das Geburtstagskind auf lustige Art und Weise charakterisieren?
- Was können Sie dem Kind bei der Taufe, Kommunion, Konfirmation oder Firmung Sinnvolles mit auf den Weg geben?
- Wie können Sie den Ernst des Lebens – den Schulanfang – für die ABC-Schützen mit aufmunternden Worten und mehr oder weniger ernst zu nehmenden Ratschlägen hübsch verpacken?
- Wie können Sie eine Alternative zu »Ich liebe dich« finden?
- Wie können Sie den Eltern eine besondere Freude bereiten?

Sammeln Sie alles, was Ihnen zum Thema und über die Person einfällt – lustige oder ernste Begebenheiten, Eindrücke, Zitate, Tipps und Ratschläge.

Suchen Sie Dinge, die Sie inspirieren. Das kann zum Beispiel für viele Menschen die Natur sein. Innere Sammlung und Ruhe befreien von den Sorgen des Alltags und ebnen den Weg für das Schreiben. Die Sinne können sich öffnen und die Antennen stellen sich auf Empfang. Doch nicht nur in der Natur können Sie Ihre Wahrnehmung schulen, auch gewöhnliche Alltagssituationen tragen dazu bei, das Spektrum zu vergrößern. Beobachten Sie andere Menschen intensiv, saugen Sie die Vielfalt der Farben auf, fühlen Sie unterschiedliche Formen und Materialien oder hören und lauschen Sie den Klängen der Musik, der Worte und Sätze. Auf diese Weise können Sie Ihre Sinne schulen, die Ihnen helfen, beim Dichten die richtigen Worte zu finden.

Die Gedanken gliedern

Eine wesentliche Voraussetzung für das Dichten ist die Fähigkeit zur genauen Beobachtung, denn nur so erhält das Gedicht Klarheit und Leichtigkeit. Wie auch der Maler zunächst Studien über sein Objekt macht, so sollte auch der Schreibende lernen, die Eindrücke in Worte und Sätze umzusetzen.

Nachdem Sie genügend Material gesammelt haben, überlegen Sie, in welcher Beziehung Sie zum Gegenüber stehen, wie viel Sie vom Beschenkten preisgeben wollen und können und wie viel Sie von sich selbst offenbaren möchten. Achten Sie darauf, dass Sie niemanden in Verlegenheit bringen und unterlassen Sie anstößige Formulierungen. Stellen Sie niemanden bloß und werden Sie nicht zotig. Versuchen Sie, verletzende Inhalte zu vermeiden. Auch Belehrungen und allzu pessimistische Gedanken kommen meist weniger gut an.

Nachdenkliche Weisheiten, vermischt mit heiteren und positiven Gedanken sind dagegen stets beliebt. Auch Lebensweisheiten machen sich in Gedichten gut. Finden Sie etwas, das sich leicht einprägt und das man so schnell nicht vergisst.

Junge Menschen mögen zum Beispiel herzliche und freundschaftlich gemeinte Verse, die flott, witzig und fetzig formuliert sind. Strenge, negative und humorlose Lebensweisheiten kommen bei dieser Personengruppe sicherlich weniger gut an. Wählen Sie für Kinder oder Jugendliche kurze und einfache, leicht verständliche Verse, denn mit hochgeistigen und schwer verständlichen Formulierungen können diese meist nichts anfangen.

Bei Gedichten für ältere Menschen sollten Sie ebenfalls auf eine korrekte Sprache achten, denn ältere Menschen verstehen oft die neumodischen Worte oder Anglizismen gar nicht. Selbst »Handy« und »Internet« sind nicht für jedermann geläufige Begriffe. Strapazieren Sie das Gegenüber nicht unnötig mit allzu kunstvollen Formulierungen, die keiner versteht.

Bringen Sie Ihre Gedanken in eine sinnvolle, jedoch nicht unbedingt chronologische Reihenfolge. Konstruieren Sie das Grundgerüst Ihres Gedichtes. Finden Sie für jede Strophe einen passenden Oberbegriff, den Sie später ausformulieren.

Formulieren

Jetzt geht es ans Eingemachte, an das Dichten. Hören Sie beim Verfassen von Gedichten stets auf Ihre Intuition. Sie müssen nicht unbedingt nur vorgegebene Anweisungen befolgen. Mit folgenden Tipps werden Sie sich beim Reimen etwas leichter tun.

- Wählen Sie kurze und prägnante Wörter und Sätze.
- Vermeiden Sie zu viele Superlative.
- Verwenden Sie Verben statt Substantive.
- Substantive auf -ung machen einen Satz schleppend.
- Verwenden Sie viele Adjektive und Adverbien.
- Verwenden Sie Aktiva und weniger Passiva (nicht: »ein Gedicht wird verfasst«, sondern: »ich verfasse ein Gedicht«).
- Verzichten Sie auf vermeidbare Fremdwörter.
- Vermeiden Sie das unpersönliche Wörtchen »man«, wählen Sie – sofern es passt – lieber die persönliche Anrede oder nennen Sie den Namen der Person.
- Versuchen Sie, schon mit dem Einstieg die Neugier zu wecken.
- Vermeiden Sie klischeehafte, abgegriffene Formulierungen.
- Benutzen Sie Metaphern oder Wortverbindungen, um im Kopf des Lesers Stimmungen zu erzeugen.
- Appellieren Sie an Ihre Fantasie – die Lyrik lebt von kunstvollen Worten und Formulierungen.

Um das Ganze in eine sprachlich reine Form zu bekommen, haben Sie mehrere Möglichkeiten. Sollten sich die Verszeilen nicht optimal reimen, können Sie beispielsweise Worte mit Auslassungszeichen abkürzen oder Buchstaben und Silben weglassen.

Mancher gibt sich viele Müh'
mit dem lieben Federvieh.

Wilhelm Busch

... Milch und Mehl,
Safran macht den Kuchen gel'!

Aus *Backe, backe, Kuchen*

Genauso verhält es sich mit füllenden Buchstaben oder Füllwörtern, die Sie vielleicht einbauen müssen, wenn sich die Verszeilen noch etwas holprig lesen. Wilhelm Busch war ein Meister darin, wie man beim Klassiker *Max und Moritz* eindrucksvoll erkennen kann.

Puff! Sie fallen in die Kist',
wo das Mehl darinnen ist.

Mit dem Löffel, groß und schwer,
geht es über Spitzen her ...

Denken Sie bei der Suche nach Reimwörtern daran, dass sich durchaus auch Wörter mit dem Vokal ü auf den Vokal i reimen können (Flügel – Siegel) sowie e auf ö (gelehrt – zerstört).

Spielen können Sie allerdings nicht nur mit der Sprache und mit den Wörtern, sondern auch mit der Satzstellung. Versuchen Sie, um die Ecke zu denken. Halten Sie sich nicht an das gängige Satzschema Subjekt – Prädikat – Objekt, sondern stellen Sie die Sätze – falls nötig – einfach um. Wenn der Reim nicht stimmt, müssen Sie die Reihenfolge der Worte austauschen oder statt dreisilbigen Worten zweisilbige Alternativen suchen.

Sollte Ihnen das Reimen dennoch nicht leicht fallen, müssen Sie nicht gleich aufgeben oder verzweifeln. Gereimte Gedichte wirken zwar klassisch, aber es ist nicht ganz einfach, sie zu verfassen. Es ist schwierig, genau das Versmaß einzuhalten und dennoch halbwegs natürliche Sätze zu bilden. Zudem sollten die Reimpaare auch nicht allzu abgedroschen wirken, wie beispielsweise die »Klassiker« Herz und Schmerz oder Liebe und Triebe.

Wenn Sie sich lieber einmal an ungereimte, moderne Gedichte wagen möchten, sollten Sie dennoch stets auf den Rhythmus achten. Das heißt nicht, dass Sie ein festes Versmaß einhalten müssen. Die Verszeilen sollten vielmehr in einem möglichst harmonischen Wechsel von betonten und unbetonten Silben stehen. Ein Gedicht, das kein durchgehendes Versmaß hat, kann durchaus einen schönen Rhythmus haben.

Bei dem Gedicht, das Sie für einen Freund, Bekannten, Verwandten oder Gastgeber dichten oder auswählen, sollten Sie stets darauf achten, dass die Dichtung nicht nur zu Ihnen, sondern auch zu der Person, die Sie damit beschenken, passt. Wenn Sie selbst mit den kunstvoll gesetzten Worten eines Goethe, Schiller oder Shakespeare wenig anfangen können, dann sollten Sie sich vielleicht eher an die launige und humorvolle Sprache eines Wilhelm Busch oder Erich Kästner halten.

Wichtig ist auch, dass Sie das, was Sie schreiben, ehrlich empfinden, denn nur dann klingt und wirkt das Gedicht authentisch.

Anders verhält es sich hingegen, wenn Sie etwas Nettes in gereimter Form in ein Gästebuch schreiben sollen. Dann haben Sie meistens keine inspirierende Verse-Sammlung bei der Hand und können auch nur selten in Ruhe nachdenken. Doch mit ein paar Tipps können Sie auch diese Situation souverän bewältigen. Schauen Sie sich zunächst das Gästebuch in Ruhe an. Lesen Sie nach, was andere geschrieben haben, und lassen Sie sich von den Themen der anderen Sprüche inspirieren.

In ein Gästebuch gehört nichts Tiefgründiges. Ein paar liebe Dankesworte oder nette Zeilen kommen stets gut an. Danken Sie beispielsweise

Ihren Gastgebern für die nette Einladung oder für den schönen Abend. Sehen Sie sich nicht gezwungen, ein dichterisches Kunstwerk im Gästebuch zu hinterlassen. Schreiben Sie etwas Fröhliches, Herzliches oder Lustiges. Schön, wenn sich diese Zeilen reimen, es ist jedoch kein Muss.

In der Regel weiß man oft im Voraus, dass man etwas ins Gästebuch schreiben muss oder sollte. Legen Sie sich schon vorher ein paar witzige Verse und Sprüche bereit. Dann kann gar nichts mehr schief gehen!

Kritisch lesen

Kritisch lesen bedeutet nichts anderes als folgende Fragen zu prüfen:

- Liest sich das Gedicht flüssig?
- Hat das Gedicht einen harmonischen Rhythmus?
- Harmoniert der Inhalt mit der Form des Gedichtes?
- Stimmen die Endreime (falls vorhanden)?
- Bei welchen Textstellen bleiben Sie immer hängen?
- Wo versprechen Sie sich schon beim Ablesen?

Fahnden Sie nach holprigen Textpassagen und suchen Sie nach Alternativen. Lange Sätze eignen sich nur für schriftliche Texte. Wählen Sie für Gedichte lieber kürzere Varianten.

Allzu komplizierte Wortschöpfungen – sind sie auch noch so kunstvoll – wirken meist etwas steif. Suchen Sie nach Alternativen, die flüssiger klingen. Trauern Sie den Formulierungen, die im Papierkorb landen, nicht nach. Sie waren eine gute Übung und Übung macht bekanntlich den Meister!

Das Gedicht präsentieren

Schöne, kunstvolle und perfekt formulierte Verse in langweiliger Verpackung lassen selbst den interessiertesten Zuhörer langsam, aber sicher einschlafen. Lesen Sie das Gedicht deshalb mehrmals laut vor dem Spiegel vor, bevor Sie es verschenken oder vor Publikum präsentieren. Feilen Sie an den Stellen, an denen Sie noch hängen bleiben und sich versprechen. Laut vorgetragen, offenbaren Gedichte erst ihre ganze Musikalität.

- Halten Sie beim Präsentieren Ihres Werkes stets Blickkontakt mit dem Publikum, denn dadurch fühlen sich die Zuhörer persönlich angesprochen.
- Legen Sie sinnvolle Pausen ein. Sie benötigen diese kurzen Auszeiten zum Durchatmen und die Zuhörer zum Verarbeiten des Gesagten.
- Sprechen Sie nicht zu schnell und variieren Sie Ihre Sprechdynamik. Legen Sie kurze Pausen vor Textpassagen ein, die Sie besonders betonen wollen, oder variieren Sie die Lautstärke.
- Unterstreichen Sie die Präsentation Ihres Gedichtes mit einer lebhaften Mimik und Gestik. Üben Sie vor dem Spiegel.
- Und noch ein Tipp zu guter Letzt: Verfassen Sie das Gedicht in Handschrift, denn das wirkt persönlicher als die abgetippte Version.

Nun haben Sie jede Menge über Theorie und Praxis des Reimens erfahren. Das folgende Verzeichnis der gängigen deutschen Reimendungen hilft Ihnen auf die Sprünge, wenn Sie einmal kein passendes Reimwort finden sollten.

Poesie muss so frisch wie Schaum
und so alt wie Fels sein.

Ralph Waldo Emerson, amerikanischer Philosoph und Essayist

Reimwörterbuch

Hier finden Sie, nach Endungen geordnet, jede Menge Reimwörter.
ă heißt kurzer Vokal, ā langer Vokal

A

ā
Ali Baba
Amerika
bejah (ich)
Buddha
Cola
geschah (es)
haha
halleluja!
ja
Kanada
Klima
Kuba
Liga
lila
Mafia
Mama
na ja
Papa
Paprika
sah (ich)
Samba
Sangria
Thema
Troja
ultra
USA

ă
Fauxpas
ha
na na
trallala

āb
Grab
gab (ich)
hab (ich)
Stab
Trab

ăb
bergab
fernab
herab
hinab
Kebab

abbel
Gebabbel
Gekrabbel
Quabbel
Schwabbel
Wabbel

abbeln
babbeln
brabbeln
grabbeln
kabbeln
krabbeln
quabbeln
schwabbeln
wabbeln

abber
Geknabber
Gesabber
Geschlabber
Sabber
Schlabber
Schwabber

abbern
abknabbern
besabbern
knabbern
sabbern
schlabbern

abe
Angabe
Aufgabe
Buchstabe
Freigabe
Gabe
Gehabe
Geschabe
Getrabe
Grabe (am)
Habe
habe (ich)
Hergabe
Knabe
Maßgabe
Nabe
Rabe
Schabe
Schwabe
Teilhabe
Wabe
Zurückgabe

abel
akzeptabel
blamabel
diskutabel
Fabel
formidabel
Gabel
Kabel
komfortabel
miserabel
Nabel
Parabel
passabel
praktikabel

profitabel
rentabel
respektabel
Schnabel
spendabel
unrentabel
variabel
Vokabel

abeln
abnabeln
aufgabeln
Gabeln (die)
miserabeln (die)
Parabeln (die)
verkabeln
Vokabeln (die)

aben
Abgaben (die)
Angaben (die)
Begaben (das)
begraben
ergaben
erhaben
Gaben (die)
gaben (sie)
gehaben
graben
Graben
Guthaben
haben
Knaben (die)
laben
Raben (die)
schaben
Schwaben (die)
traben
umgraben
untergraben
vergraben
Waben (die)
wagen

abend
Dienst habend
hochtrabend
trabend
wachhabend
wohlhabend
worthabend

aber
Araber
Befehlshaber
Gelaber
Inhaber
Liebhaber
makaber
Schaber
Teilhaber

abern
labern
wabern

abst
gabst (du)
wabst (du)
Papst

abt
begabt
gabt (ihr)
gehabt
geschabt
getrabt
trabt (er)

abung
Ausgrabung
Ausschabung
Begabung
Grabung
Handhabung

āch
brach (ich)
brach (liegen)
danach
demnach
gemach
hernach
mach
nach
Schmach
sprach (ich)
stach (ich)

ăch
ach
Bach
Dach
eineinhalbfach
einfach
Einmach
Eisfach
Fach
flach
Gelach
Krach
lach (ich)
mach (ich)
Mönchengladbach
Rach (die)
Sach (die)
Schach
Scharlach
schwach
wach (ich)
Wallach
zach
zigfach

āche
Brache
Sprache

ăche
Anmache
Apache
Bache
Dache (auf dem)
Drache
entfache (ich)
Fellache
Flache (das, ins)
Gekrache (das)
Gelache (das)
Lache
lache (ich)
Mache
Rache
Sache
Vielfache
Wache

achel
Kachel
Stachel

acheln
anstacheln
kacheln
Kacheln (den)
stacheln
Stacheln (den)
verkacheln

āchen
Aachen
besprachen (sie)
bestachen (sie)
brachen (sie)
erbrachen (sie)
erstachen (sie)
Sprachen (die)
sprachen (sie)
stachen (sie)
unterbrachen (sie)
zerbrachen (sie)

ăchen
anfachen
anlachen
bedachen
Drachen (die)
entfachen
fachen
krachen
lachen
machen
Rachen
Sachen (die)
verflachen
vertausendfachen
wachen

acher
Bewacher
Dünnmacher
flacher
Kracher
Lacher
Macher
Schacher
Schuhmacher
Schwabacher
schwacher (ein)
Spaßmacher
Verursacher

achern
Lachern (den)
prachern
schachern
Widersachern (den)

āchs
sprach's (er)
zerbrach's (er)

ăchs
Dachs (des)
mach's

achs (acks)
Dachs
flachs (ich)
Fracks (des)
Geschmacks (des)
Lachs
pack's
Sachs
schnurstracks
Wachs
wachs (ich)
zerhack's (ich)

achse (ackse)
Achse
Faxe
flachse (ich)
Haxe
Klettermaxe
Prophylaxe
Sachse
wachse (ich)

achsel (acksel)
Achsel
Gekraxel

achseln (ackseln)
Achseln (die)
achseln
dachseln
wachseln
kraxeln

achsen (acksen)
Achsen (die)
anwachsen
aufwachsen
auswachsen
einwachsen
erwachsen
flachsen
gewachsen
Haxen (die)
hochwachsen
Sachsen
verwachsen
wachsen
zusammenwachsen

āchst
brachst (du)
sprachst (du)
stachst (du)

ăchst
lachst (du)
machst (du)
wachst (du)

achst (ackst)
Axt
gewachst
hackst (du)
packst (du)
ungewachst
verkackst
wachst (du)

ācht
bracht (ihr)
spracht (ihr)
stacht (ihr)

ăcht
abgekracht
abgemacht
acht

Amtstracht
Andacht
angebracht
angemacht
aufgebracht
aufgemacht
ausgelacht
ausgemacht
Ballnacht
bedacht
Bedacht
Betracht
bewacht
Blumenpracht
Blütenpracht
durchdacht
durchgemacht
Eigenmacht
eingemacht
Eintracht
erbracht
erdacht
erwacht
Farbenpracht
Fasnacht
Fastnacht
Fracht
gebracht
gedacht
gekracht
gelacht
gemacht
gewacht
handgemacht
hausgemacht
hergebracht
hervorgebracht
Hochzeitsnacht
Jacht
kracht (es)
lacht (er)
Liebesnacht
Macht
Mitternacht
nachgemacht
Nacht
Obacht
Ohnmacht
Pacht
Pracht
Schacht
Schlacht
selbst gemacht
Silvesternacht
Sommernacht
totgelacht
Tracht
überdacht
Übermacht
unangebracht
unbewacht
Verdacht
vollbracht
Vollmacht
Wacht
Weihnacht
Yacht
zusammengekracht

achte

Althergebrachte
Bedachte
brachte (ich)
dachte (ich)
machte (ich)
sachte
Schachte (im)
schmachte (ich)
Verkrachte (der)
wachte (ich)

achten

achten
beachten
begutachten
beobachten
betrachten
Gutachten
lachten (sie)
nachten
pachten
schachten
schlachten
Schlachten (die)
schmachten
trachten
übernachten
Unbedachten (die)
verachten
vermachten (sie)
weihnachten
Weihnachten

achtet

beachtet
befrachtet
beobachtet
erachtet
geachtet
lachtet (ihr)
machtet (ihr)
nachtet (es)
überfrachtet
umnachtet
unbeachtet
unbeobachtet

achtung

Ausschachtung
Beachtung
Beobachtung
Entmachtung
Hochachtung
Pachtung
Schlachtung
Übernachtung
Verachtung
Verpachtung

achung

Abmachung
Aufmachung
Bedachung
Bekanntmachung
Bewachung
Mobilmachung
Überdachung
Überwachung
Verdreifachung
Vereinfachung
Verflachung

Verursachung
Videoüberwachung
Wiedergutmachung

ack

Ammoniak
Anorak
back (ich)
Cognac
Doppelpack
Dudelsack
Flickflack
Frack
Geschmack
hack (ich)
Hickhack
huckepack
klack
Lack
Nagellack
Pack
pack (ich)
Rucksack
Sack
Schabernack
Schlafsack
Schnickschnack
Sechserpack
Tabak
ticktack
Verhack
Vorgeschmack
Wrack
Zickzack
Zwieback

acke

Attacke
Backe
backe (ich)
Baracke
Bracke
Fracke (im)
Geknacke
Geplacke
Hacke
Jacke
Kacke
knacke (ich)
Macke
Sacke (im)
Schabracke
Schlacke
Strickjacke
Windjacke
Wolljacke
Zacke

acken

altbacken
auspacken
backen
Backen (die)
Brotbacken
einpacken
einsacken
entschlacken
hacken
Hacken
hausbacken
kacken
klein hacken
knacken
Kosaken (die)
lacken
Nacken
neu backen
packen
piesacken
placken
Placken
Schabracken (die)
überbacken
verpacken
Zacken
zusammenpacken

ackt

abgehackt
Akt
angepackt
ausgepackt
beknackt
bepackt
eingepackt
geflaggt
gehackt
gepackt
gezackt
hackt (er)
knackt (ihr)
nackt
Takt
Trakt
unverpackt
verknackt
verpackt

ade

Arkade
bade (ich)
Ballade
Balustrade
Barrikade
Blockade
Brigade
Dekade
fade
Fassade
Gerade
gerade
Gnade
Hitparade
Jade
Kaskade
Lade
lade (ich)
Limonade
Made
Marmelade
Nomade
Olympiade
Palisade
Pomade
Promenade
Raffinade
Remoulade
Rochade
Roulade
schade
Schokolade
Schublade
Serenade
Wade

adel
Adel
Madel
Nadel
radel (ich)
Stadel
Tadel
tadel (ich)

aden
baden
begnaden
beladen
einladen
entladen
Faden
Fladen
Gnaden (in)
Kameraden (die)
Kuhfladen
laden
Laden
Paraden (die)
Pfaden (den)
Rollladen
schaden
Schaden
Schwaden

ader
Ader
Bader
Geschwader
Hader
Kader
Quader

adig
hochgradig
hundertgradig
madig
pomadig

adler
Adler
Radler
Tadler

ä
äh
bäh
Hahnenkräh
jäh
mäh
Näh (in der)
Porträt
Schmäh
zäh

äche
Bäche (die)
Fläche
räche (ich)
schwäche (ich)
Schwäche

ächen
Bächen (den)
Flächen (die)
rächen
schwächen

ächer
Dächer (die)
Fächer
Gemächer (die)
Rächer
schwächer

ächlich
gemächlich
hauptsächlich
nebensächlich
oberflächlich
sächlich
schwächlich
tatsächlich

ächte
brächte (ich)
dächte (ich)
Gemächte
Mächte (die)
Nächte (die)
Schächte (die)
schwächte (er)
Wechte

ächter
Gelächter
Pächter
Schächter
Schlächter
Verächter
Wächter

ächtig
allmächtig
andächtig
bedächtig
eigenmächtig
einträchtig
farbenprächtig
gewinnträchtig
großmächtig
mächtig
ohnmächtig
prächtig
preisverdächtig
schmächtig
tatverdächtig
trächtig
verdächtig

ächtigen
beeinträchtigen
bemächtigen
bevollmächtigen
ermächtigen
Mächtigen (die)
nächtigen
verdächtigen

ächtlich
beträchtlich
nächtlich
verächtlich

äck
Gebäck
Gepäck

äckchen
Bäckchen
Fräckchen
Jäckchen
Päckchen
Säckchen

ädchen
Drähtchen
Fädchen
Lädchen
Mädchen
Rädchen
Städtchen

äfer
Käfer
Schäfer
Schläfer

äft
äfft (er)
Geschäft
kläfft (er)

äftigen
bekräftigen
beschäftigen
kräftigen

äg
schräg
träg

äge
Gepräge
Gesäge
läge (ich)
Präge
Säge
säge (ich)
Schläge
Schräge
träge
wäge (ich)

ägen
absägen
abschrägen
abwägen
ausprägen
einprägen
lägen (sie)
prägen
sägen
Schlägen (den)
schrägen
wägen
zersägen

äger
Düsenjäger
Jäger
Kläger
Präger
Säger
Schläger
Träger

äglich
alltäglich
einträglich
erträglich
kläglich
täglich
unsäglich
unverträglich
verträglich

ähen
bähen
blähen
krähen
Krähen (die)
mähen
nähen
säen
schmähen
spähen
Trophäen (die)

äher
Europäer
Häher
Mäher
Näher
näher
Späher

älen
erzählen
pfählen
quälen
schälen
stählen
strählen
vermählen
wählen
zählen

äler
Erzähler
Pennäler
Quäler
Schäler
schmäler
Spitäler (die)
Täler (die)
Wähler
Zähler

älich(g)
allmählich
schmählich
überzählig
unzählig
vollzählig

älle
Bälle (die)
fälle (ich)
Fälle (die)
Gefälle
Ställe (die)
Wälle (die)

ältig(ch)
einfältig
hinterhältig
sorgfältig
unsorgfältig
vielfältig
zwiespältig

ämen
beschämen
grämen
kämen (sie)
nähmen (sie)
schämen
zähmen

ämmen
dämmen
eindämmen

kämmen
schlemmen
Schwämmen (den)
Stämmen (den)

ämmer
Dämmer
Gehämmer
Hämmer (die)
Lämmer (die)

ämmt
dämmt (er)
eingedämmt
gekämmt
geschlemmt
kämmt (er)

ämpfen
dämpfen
Dämpfen (den)
kämpfen
Kämpfen (den)
Krämpfen (den)

än
Kapitän
mondän
souverän

ändchen
Bändchen
Händchen
Rändchen
Ständchen

ände
Bände (die)
Brände (die)
Gegenstände (die)
Gelände
Stände (die)
Verbände (die)
Wände (die)
Widerstände (die)

änden
Bänden (den)
empfänden (sie)
fänden (sie)
pfänden (sie)
schänden
schwänden (sie)
ständen (sie)
verschwänden (sie)
Wänden (den)

änder
Bänder (die)
Engländer
Geländer
Gewänder (die)
Holländer
Inländer
Länder (die)
Linkshänder
Mailänder
Pfänder
Ränder (die)
Saarländer
Schänder
Ständer
Thailänder
Treuhänder

ändern
ändern
Bändern (den)
Ländern (den)
umrändern
verändern

ändig(ch)
anständig
aufwändig
beidhändig
beständig
eigenhändig
eigenständig
einhändig
freihändig
linkshändig
mittelständig
rechtshändig
rückständig
selbstständig
ständig
unanständig
zuständig

ändigen
aushändigen
bändigen
einhändigen
verständigen

ändlich
ländlich
schändlich
unverständlich
verständlich

äne
Däne
Domäne
erwähne (ich)
Fontäne
gähne (ich)
Gegähne
Hyäne
Mähne
Migräne
Moräne
Muräne
Pläne (die)
Quarantäne
Späne (die)
Träne

änen
erwähnen
gähnen
Mähnen (die)
tränen
wähnen

ängen
ansträngen
aufhängen
behängen
drängen
Gängen (den)
Gesängen (den)
hängen
klängen (sie)
sängen (sie)
verdrängen
verhängen
zwängen

änger
bänger
Bedränger
Doppelgänger
Einzelgänger
Empfänger
Fänger
länger
Sänger

änglich
empfänglich
länglich
lebenslänglich
unumgänglich
unverfänglich
unvergänglich
unzulänglich
verfänglich
vergänglich

ängnis
Bedrängnis
Begängnis
Empfängnis
Gefängnis
Verhängnis

änke
Bänke (die)
Getränke (die)
Gezänke
Kränke
Ränke
Schränke (die)
Schwänke (die)
Tränke

änken
Bänken (den)
beschränken
kränken
sänken (sie)
Schränken (den)
tränken
verschränken

ännchen
Kännchen
Männchen
Pfännchen
Tännchen
Wännchen

änzchen
Kränzchen
Pflänzchen
Ränzchen
Schwänzchen
Tänzchen

änzen
bekränzen
ergänzen
glänzen
Kränzen (den)
schwänzen
Schwänzen (den)

är
Air
Aktionär
autoritär
Bär
binär
elitär
fair
familiär
Funktionär
Gewähr
imaginär
irregulär
komplementär
konträr
legendär
leger
Legionär
Mär
Militär
Milliardär
Millionär
ordinär
Pensionär
populär
prekär
primär
pubertär
reaktionär
regulär
Sanitär
Sekretär
sekundär
Solitär
spektakulär
stationär
temporär
ungefähr
Visionär
Volontär
vulgär

ärchen
Bärchen
Härchen
Märchen
Pärchen

äre
Affäre
Ähre
Atmosphäre
Barriere
erkläre (ich)
Fähre
Gondoliere
Imaginäre (das)
Karriere
Mähre
Märe
Misere
Premiere
Sphäre
Ungefähre (das)
Voliere
wäre (ich)

ären
Affären
bewähren
erklären
ernähren
gären
gebären
gewähren
klären
nähren
verjähren
währen

ärend
fortwährend
gärend
gebärend
klärend
nährend
verklärend
während

ärmen
härmen (sich)
lärmen
schwärmen
Schwärmen (den)
umschwärmen
wärmen

ärmt
aufgewärmt
ausgeschwärmt
erwärmt
lärmt (er)
schwärmt (er)
umlärmt
verhärmt
wärmt (er)

ärt
abgeklärt
aufgeklärt
bewährt
erfährt (er)
fährt (er)
gärt (es)
Gefährt
ungeklärt
unterernährt
verfährt (er)
verjährt
verklärt
wärt (ihr)
wohlgenährt

ärung
Aufklärung
Bewährung
Erklärung
Gärung
Gewährung
Klärung
Verjährung
Verklärung
Währung

äs (äß)
Gefäß
gemäß
Gesäß
sachgemäß
zeitgemäß

äs-chen
Bläschen
Gläschen
Häschen
Näschen
Späßchen

äse
Fräse
Gebläse
Käse
Majonäse
Polonäse

äße
Gefäße (die)
Gesäße (die)
säße (ich)
Späße (die)
vergäße (ich)

ässe
Bässe
Blässe
Nässe
Pässe

ässer
blässer
Fässer (die)
Gewässer
nässer

ässig
gehässig
lässig
unablässig
undurchlässig
unzulässig
unzuverlässig
zulässig
zuverlässig

ässlich
blässlich
grässlich
hässlich
lässlich
unerlässlich
unpässlich
verlässlich

ät
Affinität
Agilität
Aktualität
Animalität
Anonymität
Banalität
berät (er)
brät (er)
Brutalität
Diät
Extremität
Feudalität
Finalität
Formalität
Fotogenität
gemäht
genäht
Gerät
gerät (es)
gesät (wie)
Humanität
Intimität
kräht (er)
Kriminalität
Liberalität
Lokalität
Mentalität
Modalität
Pietät
Porträt
Professionalität
Qualität
Realität
Rivalität
sät (er)

Sensibilität
Sexualität
Sodalität
Solidarität
spät
Spezialität
Spontaneität
Stabilität
Universität
Vitalität
zugenäht

äte
Drähte (die)
Geräte (die)
Gräte
jäte (ich)
mähte (ich)
Nähte (die)
Räte (die)
spähte (ich)
Städte (die)
täte (ich)

äter
Äther
Bräter
Sanitäter
später
Städter
Täter
Übeltäter
Väter (die)
Verräter

ätig
grätig
hochkarätig
tätig
unflätig
vorrätig
wohltätig

ätte
Glätte
glätte (ich)
hätte (ich)
Plätte
plätte (ich)
Stätte

ätten
glätten
hätten (sie)
plätten
Plätten (die)
Stätten (die)

ätzen
abschätzen
ätzen
einschätzen
Plätzen (den)
schätzen
Schätzen (den)
schwätzen
überschätzen
unterschätzen
verschätzen

äuben
bestäuben
betäuben
stäuben
sträuben
zerstäuben

äuber
Räuber
Täuber
Zerstäuber

äufen
anhäufen
ersäufen
häufen
Käufen (den)
Läufen (den)
träufen
überhäufen

äufer
Käufer
Läufer
Säufer
Täufer
Verkäufer

äumen
abräumen
aufbäumen
aufräumen
Bäumen (den)
bäumen
einräumen
räumen
säumen
schäumen
Träumen (den)
träumen
zäumen

äuten
bläuten (sie)
Bräuten (den)
häuten
Häuten (den)
läuten

af
Autograf
Biograf
brav
Fotograf
Geograf
Graf
Kalligraf
konkav
Paragraf
Schaf
Schlaf
schlaf (ich)
traf (ich)

afen
Fischerhafen
Flughafen
Freihafen
Hafen
schlafen
strafen
Grafen (die)
Schafen (den)

aff
baff
Dompfaff
Haff
Kaff

raff (ich)
schaff (ich)
schlaff
straff

affe
Affe
Geklaffe
Giraffe
Karaffe
Pfaffe
raffe (ich)
Schaffe
schaffe (ich)
Schlaraffe
Waffe

affen
Affen (die)
blaffen
erschlaffen
gaffen
geschaffen
klaffen
paffen
raffen
rechtschaffen
schaffen
Schaffen
straffen
Waffen (die)

affer
Beschaffer
Erschaffer
Gaffer
Kaffer
Metapher
Raffer
Schaffer
Zeitraffer

aft
Belegschaft
Bruderschaft
Brüderschaft
Buhlschaft
dauerhaft
ehrenhaft
Eigenschaft
ekelhaft
Elternschaft
Errungenschaft
fabelhaft
Fachschaft
fieberhaft
Freundschaft
Gefangenschaft
Gemeinschaft
Gesellschaft
Gewerkschaft
gewissenhaft
glaubhaft
grauenhaft
habhaft
Haft
Kraft
Kundschaft
Landschaft
lebhaft
leibhaft
Leidenschaft
Liebschaft
Machenschaft
mangelhaft
Mannschaft
märchenhaft
massenhaft
meisterhaft
Mitgliedschaft
Mitleidenschaft
Nachbarschaft
rätselhaft
Rechenschaft
Saft
Schaft
sagenhaft
schleierhaft
Schwangerschaft
Taft
triebhaft
Wanderschaft
Wissenschaft
zauberhaft

aften
behaften
Eigenschaften (die)
entsaften
gafften (sie)
haften
kundschaften
Leidenschaften (die)
Machenschaften (die)
rafften (sie)
verhaften
verkraften
wirtschaften
Wissenschaften (die)

ag
Abschlag
Anschlag
Antrag
Aufschlag
Auftrag
Ausschlag
Beitrag
Belag
Betrag
Blitzschlag
Durchschlag
Einschlag
Eintrag
Ertrag
frag (ich)
heutzutag
lag (ich)
mag (ich)
Nachschlag
Nachtrag
Prag
Ratschlag
Sarkophag
Schlag
trag (ich)
Übertrag
Verlag
Vorschlag
wag (ich)
Zuschlag

age (asche)
Apanage
Bagage
Bandage
Blamage
Camouflage
Collage
Courage
Courtage
Etage
Gage
Garage
Korsage
Massage
Menage
Montage
Page
Passage
Persiflage
Plantage
Rage
Reportage
Sabotage
Spionage
Vernissage
Visage
Zivilcourage

age
Ablage
Anklage
Anlage
Beilage
Einlage
Frage
Gejage
Gelage
Grundlage
Klage
Lage
Niederlage
Plage
sage (ich)
Schlage (beim)
Tage (die)
Trage
Umlage
Unterlage
vage
Vorlage
Waage
wage (ich)
Wetterlage

age (ētsch)
Homepage
Image
New Age

agen
abschlagen
anschlagen
antragen
auftragen
beantragen
beauftragen
befragen
behagen
Behagen
beitragen
beklagen
beschlagen
Betragen
entsagen
ertragen
fragen
Fragen (die)
jagen
klagen
Klagen (die)
Kragen
Magen
nachschlagen
nagen
plagen
ragen
sagen
schlagen
tagen
Tagen (den)
tragen
verzagen
Wagen
zagen
zuschlagen
zutragen (sich)

agend
beklagend
fragend
nichts sagend
viel sagend
wehklagend
weittragend

ager
Ansager
Frager
hager
Jasager
Lager
mager
Nager
Plager
Schlager
Schwager
Versager

agt
behagt
betagt
gefragt
gejagt
gesagt
Jagd
lagt (ihr)
Magd
tagt (es)
tragt (ihr)

agung
Befragung
Beklagung
Entsagung
Tagung
Übertragung
Unterschlagung
Vertagung

ai
Hai
Kai

Lakai
Mai

ain (äng)
Refrain
Teint
Terrain

ake
Bake
Gequake
Kloake
Krake
Lake
Schnake
quake (ich)

akel
Debakel
Gekrakel
Makel
Orakel
Spektakel
Tabernakel
Tentakel

aken
aushaken
einhaken
erschraken (sie)
haken
Haken
Kakerlaken (die)
Laken
quaken
staken

aktion
Aktion
Attraktion
Fraktion

aktor
Faktor
Kalfaktor
Reaktor
Traktor

al
Aal
Admiral
anormal
Areal
Arsenal
asozial
banal
brutal
Denkmal
dezimal
diagonal
dreimal
egal
einmal
fatal
feudal
formal
fundamental
Gemahl
General
genial
global
ideal
Ideal
illegal
jedes Mal
Journal
kahl
Kanal
Kapital
Kardinal
katastrophal
kollegial
kolonial
legal
liberal
Lineal
lokal
Lokal
Mahl
mal
Mal
manchmal
Material
minimal
normal
optimal
Original
oval
pauschal
Pedal
Pokal
radikal
real
Regal
rustikal
Saal
Schal
schmal
Signal
Skandal
sozial
spezial
Stahl
Tal
total
verbal
vertikal
Vokal
Wahl
Wal
Zahl
zweimal

alb
Alb
halb
außerhalb
deshalb
weshalb
Kalb

ale
Berlinale
Biennale
Dezimale
Diagonale
Feudale
Filiale
Finale
Initiale
Kabale
Kapitale
Kardinale
Kathedrale
Kriminale

Liberale
Lokale
Nationale
Normale
Orientale
Pauschale
prahle (ich)
Radikale
Randale
Reale
Rituale (die)
Rivale
Saale
Sandale
Schale
Spirale
Totale
Vandale
Verbale
Vertikale
zahle (ich)
Zentrale

alen
aalen
Annalen (die)
befahlen (sie)
empfahlen (sie)
Idealen (den)
mahlen
malen
Neutralen (die)
prahlen
Rivalen (die)
Schalen (die)
stahlen (sie)
strahlen
zahlen

aler
Maler
Prahler
Taler
Zahler

alien
Australien
Cerealien (die)
Chemikalien (die)
Dahlien (die)
Fäkalien (die)
Formalien (die)
Fressalien (die)
Italien
Lappalien (die)
Materialien (die)
Mineralien (die)
Personalien (die)
Viktualien (die)

alisch
animalisch
bestialisch
moralisch
musikalisch
orientalisch
theatralisch
unmoralisch

all
Abfall
Abprall
all
Anfall
Ausfall
Ball
Befall
Beifall
drall
Drall
Einfall
Erdball
Fall
fall (ich)
Geknall
Hall
Intervall
Knall
Krawall
Kristall
Metall
Nachtigall
Overall
prall
Prall
Reinfall
Schall
Schwall
Stall
überall
Überfall
Unfall
Urknall
Verfall
Vorfall
Wall
Zerfall
Zwischenfall

alle
alle
Falle
falle (ich)
Galle
Geknalle
Gelalle
Halle
Kalle
Koralle
Kralle
Qualle
Schnalle

allen
allen (von)
ballen
Ballen
befallen
durchfallen
einfallen
entfallen
fallen
Gefallen
hallen
knallen
krallen
Krallen (die)
lallen
schallen
schnallen
schwallen
überfallen
verfallen
wallen
zerfallen

alm
Alm
Halm
Palm
Psalm
Qualm
Salm

āls
abermals
als
damals
ehemals
einstmals
erstmals
jemals
lauthals
mehrmals
niemals
nochmals
oftmals
vielmals

ăls
allenfalls
bestenfalls
falls
Hals
jedenfalls
keinesfalls

ālt
aalt (er)
angemalt
angezahlt
bemalt
bezahlt
gemalt
geprahlt
gezahlt
handgemalt
strahlt (er)
unbezahlt

ălt
abgeprallt
alsbald
Alt
alt
Anhalt
Anstalt
Anwalt
Asphalt
Aufenthalt
bald
Basalt
Einfalt
Einhalt
Erhalt
fallt (ihr)
geballt
Gehalt
Gestalt
Gewalt
Halt
Haushalt
Inhalt
kalt
knallt (es)
Kobalt
lallt (er)
Sachverhalt
sobald
Spalt
Unterhalt
verhallt
verknallt
Vielfalt
Wald

ālte
Gemalte (das)
prahlte (ich)
bezahlte (ich)

ălte
Alte (der)
Balte
Falte
gestalte (ich)
halte (ich)
Kalte (ins)
lallte (er)
Spalte

alten
abhalten
abschalten
aufhalten
behalten
einschalten
entfalten
enthalten
erhalten
falten
Falten (die)
galten (sie)
gestalten
halten
knallten (sie)
schallten (sie)
schalten
spalten
Spalten (die)
unterhalten
veralten
Verhalten
verwalten
vorenthalten
vorhalten
walten
wohlbehalten

alter
Alter
Erhalter
Falter
Gestalter
Halter
Kalter
Kindesalter
Mittelalter
Schalter
Spalter
Verwalter
Zeitalter

altung
Entfaltung
Enthaltung
Erhaltung
Erkaltung
Faltung
Gestaltung
Haltung
Schaltung

Spaltung
Unterhaltung
Verwaltung

alz

Balz
Falz
Malz
Pfalz
Salz
Walz

alzen

balzen
falzen
malzen
salzen
schmalzen
schnalzen
versalzen
walzen
Walzen (die)

am

Abraham
abwägsam
achtsam
Adam
am
arbeitsam
Balsam
bedeutsam
behutsam
bekam (ich)
biegsam
Bräutigam
einfühlsam
einprägsam
einsam
empfindsam
enthaltsam
erlahm (ich)
folgsam
friedsam
gehorsam
Gehorsam
gemeinsam
genügsam
gewaltsam
Gram
grausam
Islam
Kram
langsam
Madam
mitteilsam
monogam
mühsam
nahm (ich)
Rahm
ratsam
Scham
schweigsam
seltsam
Sesam
sorgsam
sparsam
Tram
unachtsam
unaufhaltsam
unaufmerksam
Ungehorsam
unwirksam
wirksam
zahm
zweisam

ame

Dame
Name
Reklame
Same
Übernahme
Vorname
Zyklame

amen

Amen
bekamen (sie)
Damen (die)
einrahmen
entkamen (sie)
entnahmen (sie)
erlahmen
Examen
kamen (sie)
kramen
lahmen
nachahmen
nahmen (sie)
Namen (die)
Rahmen
rahmen
Reklamen (die)
Samen
übernahmen (sie)
umrahmen
unternahmen (sie)
verkamen (sie)
verlangsamen
vernahmen (sie)

amm

am
bimbam
Bräutigam
Damm
Gramm
Kamm
Kilogramm
klamm
Klamm
Lamm
Milligramm
Monogramm
Programm
Schlamm
Schwamm
schwamm (ich)
Slum
Stamm
stramm
Tamtam
Telegramm
verdamm (ich)

amme

Amme
Flamme
Ramme
Schramme

ammen

entflammen
flammen
Flammen (die)

rammen
schrammen
Schrammen (die)
schwammen (sie)
stammen
Strammen (die)
verdammen
zusammen

ammer
Ammer
Gejammer
Hammer
Jammer
Kammer
Klammer

ampe
Lampe
Rampe
Schlampe
Wampe

ampel
Ampel
Gehampel
Gestrampel
Getrampel
Trampel

ampf
Dampf
dampf (ich)
Kampf
Krampf
stampf (ich)

amt
allesamt
Amt
Arbeitsamt
gesamt
mitsamt
samt
Samt
verdammt

an
Ahn
Autobahn
Bahn
Baldrian
Balkan
bergan
Caravan
Cellophan
Clan
Dekan
Eisenbahn
Elan
Enzian
Fasan
getan
Grobian
Hahn
hinan
human
Japan
Jordan
Klan
Kran
Marzipan
Milan
momentan
nebenan
Organ
Orkan
Ozean
Pavian
Pelikan
Plan
Porzellan
profan
Roman
Schwan
simultan
Span
spontan
Straßenbahn
Thymian
Tukan
Turban
urban
Vatikan
Vulkan
Wahn
Zahn
Zellophan

an (än)
Discman
Dressman
Fan
Gentleman
Slogan
Sportsman
Stuntman
Walkman

ande
Bande
Girlande
hierzulande
imstande
lande (ich)
Rande (am)
Schande
Stande
Strande (am)
strande (ich)
zustande

andel
Bandel
Handel
handel (ich)
Kandel
Mandel
Wandel
wandel (ich)

andeln
anbandeln
behandeln
einhandeln
handeln
Mandeln (die)
misshandeln
sandeln
schlafwandeln
umwandeln
verhandeln
verwandeln
wandeln

anden
abgestanden
abhanden
auferstanden
aufgestanden
Banden (die)
beanstanden
branden
einverstanden
entstanden (sie)
erfanden (sie)
erstanden (sie)
fanden (sie)
gestanden (sie)
Girlanden (die)
landen
schwanden (sie)
standen (sie)
stranden
überstanden
umranden
versanden
verschwanden (sie)
verstanden
vorhanden

ander
Durcheinander
einander
Expander
Koriander
miteinander
Oleander
Palisander
Salamander
Zander

andlung
Abhandlung
Anwandlung
Behandlung
Handlung
Verhandlung
Verschandlung
Verwandlung
Wandlung

andy (ändi)
Brandy
Candy
Handy
trendy

ane
Ahne
ahne (ich)
Banane
Fahne
Germane
Karawane
Kleptomane
Kumpane
Kurtisane
Liane
Mediane
Membrane
Organe (die)
Ottomane
Partisane
Plane
plane (ich)
Platane
Profane
Romane (die)
Sahne
Schamane
Schikane
Soutane
Titane
Zyane

anen
absahnen
ahnen
Ahnen (die)
bahnen
einplanen
Germanen (die)
mahnen
planen
schwanen
zahnen

aner
Afrikaner
Amerikaner
Börsianer
Brasilianer
Dominikaner
Franziskaner
Hawaiianer
Indianer
Insulaner
Iraner
Japaner
Kenianer
Kubaner
Marokkaner
Mexikaner
Neapolitaner
Pakistaner
Persianer
Planer
Primaner
Puritaner
Republikaner
Sekundaner
Silvaner
Sizilianer
Trojaner
Veganer
Venezianer

anft
Ranft
sanft

ang
Abhang
Anfang
Anhang
Aufgang
Ausgang
bang
Behang
Belang
Blickfang
Bumerang
Drang
Eingang
Empfang
Fang
Gang
gelang (es)
Gesang

halblang
Hang
Klang
klang (es)
lang
monatelang
Rang
Rundgang
Sang
sang (ich)
tagelang
Tiefgang
Übergang
Überhang
Umfang
Umgang
Umhang
Untergang
Vorgang
Vorhang
Zugang
Zwang

ange

Bange
bange (ich)
Range
Schlange
solange
Spange
Stange
Strange
verlange (ich)
Wange
Zange
zugange

angen

anfangen
anlangen
bangen
befangen
begangen
bezwangen (sie)
drangen (sie)
einfangen
empfangen
erklangen (sie)
erlangen
fangen
gefangen
gegangen
gelangen (sie)
langen
prangen (sie)
sangen (sie)
schwangen (sie)
sprangen (sie)
umfangen
Unterfangen
vergangen
verlangen
Verlangen
Wangen (die)
zwangen (sie)

anger

Anger
Handlanger
Pranger
schwanger

anisch

afrikanisch
amerikanisch
anglikanisch
botanisch
brasilianisch
germanisch
hispanisch
indianisch
japanisch
manisch
mechanisch
mexikanisch
mohammedanisch
organisch
panisch
puritanisch
republikanisch
romanisch
spanisch
titanisch
vulkanisch

ank

Bank
blank
dank
Dank
Gestank
Gezank
krank
rank
sank (ich)
Schank
schlank
Schrank
Schwank
Tank
Trank
trank (ich)
Wank
Zank

anken

Banken (die)
bedanken
danken
erkranken
flanken
Franken
Gedanken (die)
kranken
Kranken (die)
ranken
Ranken (die)
sanken (sie)
Schranken (die)
schwanken
stanken (sie)
tanken
tranken (sie)
verdanken
versanken (sie)
wanken
zanken

ann

Abspann
alsdann
an
Bann
dann

daran
dran
Eismann
Fachmann
Fuhrmann
Geschäftsmann
Gespann
Hampelmann
Hauptmann
Hausmann
Heinzelmann
heran
hinan
hintan
kann (ich)
Kaufmann
Landsmann
man
Mann
Mittelsmann
Müllmann
Nachspann
Privatmann
Sandmann
Seemann
sodann
Spann
Spielmann
Sportsmann
Staatsmann
Steuermann
Strahlemann
Supermann
Tyrann
voran
Vorspann
wann
Wassermann
woran

anne

Kanne
Panne
Pfanne
Schranne
Spanne
Tanne
Wanne

annen

bannen
begannen (sie)
dannen (von)
gewannen (sie)
Kannen (die)
Mannen (die)
Pannen (die)
Pfannen (die)
spannen
Tannen (die)
übermannen

ant

Adjutant
allerhand
Amarant
ambulant
amüsant
arrogant
Aspirant
Asylant
bekannt
Bestand
Bonvivant
Brand
brillant
Brillant
brisant
charmant
Croissant
Debütant
Deodorant
Diamant
Dilettant
diskrepant
dissonant
dominant
Elefant
elegant
Emigrant
erkannt
exorbitant
Fabrikant
Fabulant
Fierant
Fondant
fulminant
galant
Garant
gebannt
gebrannt
gekannt
genannt
gesandt
gespannt
Gigant
Gratulant
Hand
ignorant
Immigrant
imposant
Infant
Informant
inkulant
instand
Intendant
interessant
Konsonant
konstant
Krokant
kulant
Laborant
Land
Leutnant
Lieferant
Mandant
markant
militant
Ministrant
Musikant
Mutant
nonchalant
Passant
Pendant
penetrant
Pfand
pikant
prägnant
Praktikant
Proviant
provokant
Quadrant
Rand
rasant
relevant

Restaurant
riskant
Sand
signifikant
Simulant
Spekulant
Stand
Strand
süffisant
Tand
tolerant
Trabant
überhand
vakant
Verband
verbannt
verbrannt
verkannt
verrannt
Verstand
verwandt
Volant
Vorwand
Wand

ante

Andante
Bekannte (der)
brannte (ich)
Dominante
Gesandte (der)
kannte (ich)
Kante
Konstante
Levante
Mutante
Tante
Variante
Verwandte (der)

anten

Bekannten (die)
bekannten (sie)
brannten (sie)
diamanten
erkannten (sie)
ernannten (sie)
Gesandten (die)
kannten (sie)
kanten
Kanten (die)
nannten (sie)
rannten (sie)
sandten (sie)
so genannten (die)
Tanten (die)
Verbannten (die)
verbrannten (sie)
wandten (sie)

anz

Allianz
Ambulanz
Arroganz
Assonanz
Bilanz
Brillanz
Brisanz
Distanz
Eleganz
Finanz
Firlefanz
Franz
ganz
Glanz
Instanz
Konstanz
Kranz
Kulanz
pflanz (ich)
Popanz
Schwanz
Substanz
Tanz
tanz (ich)
Toleranz
Vakanz

anze

Emanze
Ganze (das)
Getanze
Glanze (im)
Lanze
Pflanze
Romanze
Schanze
Stanze
Tanze (beim)
Wanze

anzen

Bilanzen (die)
Finanzen (die)
Ganzen (im)
Lanzen (die)
pflanzen
Pflanzen (die)
Ranzen
schanzen
stanzen
tanzen
verschanzen
zuschanzen

app

ab
herab
hinab
Kap
knapp
schlapp
Trab

appe

Attrappe
Etappe
Klappe
Knappe
Lappe
Mappe
Pappe
Rappe
Schlappe
Trappe

appen

berappen
ertappen
Happen
jappen
kappen
klappen
Knappen (die)
Lappen

pappen
Rappen (die)
Schlappen
schlappen
schnappen
schwappen
tappen
trappen
verkappen
Wappen

ar

Aar
Adebar
bar
Bar
Barbar
Bazar
begehbar
begreifbar
bemerkbar
Bibliothekar
brauchbar
Brautpaar
brechbar
dankbar
denkbar
drehbar
Dromedar
Ehepaar
Exemplar
fahr (ich)
Februar
Formular
fügbar
gangbar
Gefahr
gewahr
greifbar
Haar
Honorar
Husar
immerdar
Inventar
Jaguar
Jahr
Januar
Jubilar
Kaviar
klar
Kommentar
Kommissar
Korsar
lapidar
machbar
mischbar
Mobilar
Nachbar
Notar
offenbar
paar
Paar
prüfbar
rar
Reservoir
Saar
Samowar
Sansibar
Schar
Scholar
Seminar
sogar
sonderbar
Star
Talar
Tatar
undankbar
unsichtbar
Vikar
wahr
wandelbar
war (ich)
wunderbar
Zar
zwar

aren

Bahren (die)
Balearen
bausparen
einsparen
enthaaren
erfahren
ersparen
fahren
Fanfaren
garen
Gebaren
gebaren (sie)
haaren
Kanaren
offenbaren
paaren
scharen
Scharen (in)
sparen
unerfahren
verfahren
Verfahren
verwahren
wahren
Waren (die)

arisch

antiquarisch
arisch
barbarisch
elementarisch
exemplarisch
kalendarisch
kulinarisch
literarisch
missionarisch
parlamentarisch
planetarisch
proletarisch
protokollarisch
reglementarisch
tabellarisch
vegetarisch

arm

Alarm
Arm
arm
Charme
Darm
Farm
Harm
Schwarm
warm

arre

Barre
Darre

Farre
Geknarre
Gescharre
Gitarre
Karre
Knarre
Pfarre
Quarre
Scharre
Schmarre
Schnarre
Sparre
Starre
Zigarre

arren

anstarren
Barren
erstarren
harren
karren
Karren (die)
knarren
narren
Narren (die)
scharren
Schmarren
schnarren
Sparren
starren

ārt

Art
Bart
behaart
bewahrt
Chart
derart
Eigenart
Fahrt
fahrt (ihr)
Gangart
Gegenwart
gepaart
gespart
gewahrt
Kart
Lebensart
Redensart
smart
spart (er)
Standard
verwahrt
wart (ihr)
zart

ărt

Abart
apart
hart
Leopard
offenbart
Popart
Spessart
Start
Wart

arten

erwarten
Erwarten
Garten
harrten (sie)
Karten (die)
starrten (sie)
starten
warten

ās (aß)

Aas
aß (ich)
blas (ich)
Fraß
Gas
Glas
Gras
las (ich)
Maß
saß (ich)
Spaß

ăs

Ananas
As
Bass
blass
das
dass
Erlass
Fass
Hass
krass
Nass
Nikolas
Pass
Unterlass
Verlass
was

asche

Asche
Flasche
Gamasche
Lasche
Masche
Tasche
überrasche (ich)

aschen

Flaschen (die)
haschen
naschen
paschen
Taschen (die)
überraschen
verwaschen
waschen

ase

Ase
Base
Blase
blase (ich)
Ekstase
Emphase
Gase
Gerase
Hase
Nase
Oase
Paraphrase
Phase
Phrase
rase (ich)
Vase

asen
aasen
Basen (die)
blasen
glasen
grasen
Hasen (die)
losrasen
Phrasen (die)
rasen
Rasen
vergasen
verglasen
Wasen

asse
Asse (die)
Barkasse
Brasse
fasse (ich)
Fasse (im)
Gasse
Grimasse
hasse (ich)
Insasse
Kasse
Klasse
lasse (ich)
Masse
Melasse
Passe
Rasse
Tasse
Terrasse
Trasse

assel
Assel
Gemassel
Geprassel
Gequassel
Gerassel
Massel
Rassel
Schlamassel

assen
ablassen
abpassen
anfassen
anlassen
anpassen
auffassen
auflassen
aufpassen
befassen
belassen
brassen
einfassen
einlassen
einpassen
entlassen
erfassen
fassen
freilassen
Gassen (die)
hassen
hinterlassen
lassen
loslassen
Massen (die)
mitlassen
nachlassen
passen
prassen
überlassen
umfassen
verfassen
verlassen
verpassen
zufassen
zulassen

ast
Ast
Ballast
Bast
Bombast
Enthusiast
erblasst
fasst (er)
fast
Gast
gefasst
gehasst
gepasst
Gymnasiast
Hast
hast (du)
Knast
lasst (ihr)
Last
Mast
Morast
Palast
passt (er)
Quast
Rast
verfasst
verhasst
verpasst

asten
belasten
betasten
entlasten
fassten (sie)
fasten
Fasten
hasten
Kasten
Kasten (die)
lasten
Lasten (die)
passten (sie)
rasten
tasten
Tasten (die)

aster
Alabaster
Aster
Desaster
Dreimaster
Einmaster
Kataster
Knaster
Laster
Master
Pflaster
Piaster
Raster
Taster
Zaster

astisch
bombastisch
drastisch
dynastisch
elastisch
enthusiastisch
fantastisch
plastisch
sarkastisch
scholastisch
spastisch
stochastisch

at
Achat
Advokat
Aggregat
Akkumulat
akkurat
Akrobat
Allopath
Ansaat
Antiquariat
Aromat
Asiat
Aussaat
Automat
Bad
Brokat
Bürokrat
Cervelat
Delegat
delikat
desolat
Destillat
Diplomat
Dirigat
Duplikat
Einsaat
Eklat
Fabrikat
Fiat
Format
Glutamat
Granulat
Grat
Hanseat
Heimat
Homöopath
Kamerad
Kandidat
Karat
Konkordat
Konsulat
Magistrat
Mandat
Muskat
Notariat
Nougat
obligat
Opiat
Patriziat
Plagiat
Plakat
Prädikat
Prälat
Primat
privat
probat
rabiat
Rad
Rat
Referat
Rektorat
Referendariat
Resultat
Saat
Salat
Silikat
Skat
Soldat
Spagat
Spinat
Staat
Sulfat
Syndikat
Unikat
Volontariat
Zertifikat
Zitat
Zölibat

ate
Batate
Fermate
Granate
Karate
Kate
Koordinate
Mate
Oblate
Pate
Rate
Sonate
Tomate

aten
beraten
braten
Braten
Daten (die)
Dukaten
geraten
Karpaten
Katen (die)
missraten
mitraten
raten
Raten (die)
Soldaten (die)
Spaten
Staaten (die)
Taten (die)
verraten
waten

ater
Berater
Kater
Krater
Mater
Pater
Rater
Theater
Vater

atisch
apathisch
aristokratisch
aromatisch
asiatisch
asthmatisch
automatisch
bürokratisch

charismatisch
demokratisch
diplomatisch
dogmatisch
dramatisch
ekstatisch
emphatisch
fanatisch
klimatisch
mathematisch
phlegmatisch
pragmatisch
problematisch
quadratisch
rheumatisch
schematisch
statisch
sympathisch
systematisch
thematisch
traumatisch

att

Blatt
glatt
Goliath
hat (er)
matt
Nimmersatt
Patt
Platt
Rabatt
satt
statt
Watt

atte

Debatte
Fregatte
Gatte
Krawatte
Latte
Matte
Mulatte
Patte
Platte
Ratte
Satte
Tratte
Watte

atten

abstatten
ausstatten
begatten
beschatten
bestatten
ermatten
erstatten
Gatten (die)
gestatten
Platten (die)
Ratten (die)
Schatten

atter

Berichterstatter
Beschatter
Bestatter
Flatter
Gatter
Geflatter
Geknatter
Geratter
Geschnatter
Natter

atz

Absatz
Ansatz
Aufsatz
Besatz
Einsatz
Ersatz
Fratz
Hatz
kratz (ich)
Latz
Matz
Platz
Rabatz
Ratz
Satz
Schatz
Schmatz
Spatz
Umsatz
Untersatz
Vorplatz
Vorsatz
Wortschatz

atze

Fratze
Gekratze
Geschmatze
Geschwatze
Glatze
Katze
Kratze
Matratze
Ratze
schwatze (ich)
Tatze

au

Au
Bau
blau
Dau
flau
Gau
genau
grau
Kabeljau
Klau
lau
mau
miau
Pfau
Radau
Sau
Schau
schau (ich)
schlau
Stau
Tau
Verhau

aub

Laub
Raub
Staub
taub

aube
Daube
erlaube (ich)
Gaube
Glaube
glaube (ich)
Haube
Irrglaube
Kühlerhaube
Laube
Schaube
Schraube
Taube
Traube

auben
Aberglauben
ausrauben
belauben
berauben
bestauben
beurlauben
erlauben
glauben
Glauben
klauben
Lauben (die)
rauben
schnauben
schrauben
stauben
Trauben (die)
urlauben

auch
auch
Bauch
Brauch
Gauch
Gebrauch
Hauch
Lauch
Rauch
Schlauch
Strauch
Verbrauch

auchen
brauchen
fauchen
hauchen
jauchen
krauchen
rauchen
schlauchen
stauchen
tauchen

auen
abflauen
abhauen
abschauen
anbauen
anschauen
aufbauen
aufschauen
ausbauen
ausschauen
bauen
brauen
einbauen
erbauen
ergrauen
Frauen (die)
getrauen
Grauen
grauen
hauen
kauen
klauen
krauen
miauen
Misstrauen
schauen
stauen
tauen
trauen
umbauen
umhauen
verdauen
verhauen
Vertrauen
vertrauen
zuschauen
Zutrauen
zutrauen

auer
Ausdauer
Bauer
Brauer
Dauer
Erbauer
Gassenhauer
Hauer
Kalauer
Lauer
Mauer
Power
sauer
Schauer
Tower
Trauer

auf
Ablauf
Anlauf
auf
Auflauf
Auslauf
darauf
drauf
Einkauf
Einlauf
Glückauf
hinauf
Kauf
Knauf
Kreislauf
Lauf
rauf
Verkauf
Verlauf
zuhauf

aufen
Haufen
kaufen
laufen
raufen
saufen
taufen

auge
Auge

Lauge
sauge (ich)
tauge (ich)

aul
faul
Gaul
jaul (ich)
kraul (ich)
Leckermaul
Lügenmaul
Maul
Plappermaul

aule
Faule (die)
Gaule (dem)
kraule (ich)
maule (ich)

aulen
faulen
Faulen (die)
graulen
jaulen
kraulen
maulen
verfaulen
vergraulen

aulich
baulich
beschaulich
erbaulich
fraulich
graulich
traulich
verdaulich
vertraulich

aum
Baum
Flaum
geraum
kaum
Raum
Saum
Schaum
Traum
Zaum

aun
abgehaun
braun
Clown
down
kaun
schaun
traun
Vertraun
Zaun

aunen
Braunen (die)
Daunen (die)
Erstaunen
Launen (die)
posaunen
raunen
staunen
Staunen

aurig
schaurig
traurig

aus (auß)
Applaus
aus
Braus (in Saus und)
daraus
Daus (ei der)
durchaus
Flaus
Garaus
Gebraus
Graus
Haus
heraus
hinaus
Kaufhaus
Kehraus
kraus
Laus
Maus
Nikolaus
Parkhaus
raus
Reißaus
Saus
Strauß
überaus
voraus
weitaus
woraus

ausch
Bausch
Flausch
lausch (ich)
plausch (ich)
Rausch
Tausch

ause
Banause
Brause
Flause
Gebrause
Gesause
Geschmause
hause (ich)
Jause
Kartause
Klause
Krause
Pause
schmause (ich)
zu Hause

ausen
brausen
Flausen (die)
grausen
Grausen
hausen
jausen
krausen
lausen
mausen
pausen
Pausen (die)
sausen
schmausen
zausen
zerzausen

aust
Faust
graust (mich)
haust (du)
schaust (du)
schmaust (er)
verlaust
zerzaust

aut
abgeflaut
Argonaut
Astronaut
ausgebaut
Auslaut
bebaut
Braut
erbaut
ergraut
Haut
Kraut
laut
Laut
Maut
schaut (er)
taut (es)
traut
verdaut
vertraut

aute
baute (ich)
Flaute
Kraute (dem)
Laute
laute (der)
Raute
taute (es)
Traute
Vertraute (der)

auung
Bebauung
Beschauung
Betrauung
Erbauung
Stauung
Trauung
Verdauung

ave
Enklave
Exklave
Oktave
Sklave

E

e
ade
Allee
Aloe
Armee
Atelier
Bankier
Beauté
BGB
Budget
Café
Charité
Coupé
Dekolleté
Diner
Effet
Eiscafé
Entree
Essay
Exposé
Fee
Filet
Frikassee
geh (ich)
Gelee
Hautevolee
Hotelier
Idee
in spe
Kaffee
Kanapee
Klischee
Komitee
Lee
Matinee
Metier
Moschee
nee
Negligé
oje
Orchidee
Pappmaché
passé
Portemonnaie
Portier
Praliné
Premier
Püree
Reh
Renommee
Resümee
Rosé
Schnee
See
Séparée
Soufflé
Souper
steh (ich)
Straßencafé
Tee
Tournee
Varieté
Weh
Zeh

ebel
Hebel
Knebel
Nebel

eben
abheben
angeben
aufgeben
ausgeben
beben
Beben
begeben (sich)
bekleben
beleben
bestreben
Bestreben
daneben
eben
eingeben
einkleben
einschieben
erbeben
Erdbeben

ergeben
erheben
erleben
geben
heben
hervorheben
hingeben
kleben
kundgeben
leben
Leben
mitgeben
neben
rausgeben
Reben (die)
schweben
streben
übergeben
überleben
umgeben
uneben
weben
zugeben
zurückgeben

ebens

erleben's (sie)
erstreben's (sie)
Lebens (des)
Strebens (des)
vergebens
zeitlebens

ebig

geb ich
heb ich
langlebig
leb ich
zielstrebig

eblich(g)

angeblich
erheblich
neblig
überheblich
unerheblich
vergeblich

ebnis

Begebnis
Ergebnis
Erlebnis

ebung

Belebung
Bestrebung
Ergebung
Erhebung
Hebung
Strebung
Umgebung
Vergebung

echen

abbrechen
besprechen
bestechen
blechen
Blechen (den)
brechen
einbrechen
Erbrechen
Frechen (die)
Gebrechen
rechen
Rechen
sprechen
stechen
Stechen
verbrechen
Verbrechen
versprechen
Versprechen
zechen
Zechen (die)

echer

Becher
Brecher
Ehebrecher
Eierbecher
Einbrecher
Eisbecher
Fernsprecher
Lautsprecher
Messbecher
Pappbecher
Sprecher
Stecher
Verbrecher
Versprecher
Zecher

echs (ecks)

ex
Flecks (des)
Hex
hex (ich)
Klecks
klecks (ich)
Komplex
konvex
perplex
Reflex
Schrecks (des)
sechs
Sex

echst (eckst)

behext
bekleckst
hext (er)
kleckst (er)
neckst (du)
schreckst (du)
Text
verhext
verkleckst
zu sechst

echt

bezecht
blecht (er)
brecht (ihr)
echt
fecht (ich)
flecht (ich)
Gefecht
Geflecht
gerecht
Geschlecht
gezecht
Hecht
Knecht
mundgerecht

passgerecht
recht
Recht
regelrecht
Ruprecht
schlecht
Specht
unecht
ungerecht
Unrecht
zurecht
zu Recht

echten
anfechten
fechten
flechten
Flechten (die)
Gefechten (den)
hechten
knechten
rechten
Schlechten (die)
verfechten
verflechten

echung
Besprechung
Bestechung
Brechung
Entsprechung
Heiligsprechung
Unterbrechung
Versprechung

eck
Besteck
Check
Deck
deck (ich)
Dreck
Dreieck
Eck
Fleck
Geck
Gedeck
Gesteck
Heck
hinweg
Jeck
keck
Leck
leck (ich)
Neck
queck
Reck
Scheck
Schleck
Schneck
Schreck
schreck (ich)
Speck
steck (ich)
Treck
Verdeck
Versteck
Weck
weg
Zweck

ecke
beflecke (ich)
Decke
Ecke
erschrecke (ich)
Flecke (die)
Hecke
Kecke (der)
Recke
Schecke
Schnecke
Schrecke
Strecke
Wecke
Zecke
Zwecke

ecken
abdecken
abschmecken
abspecken
abstecken
anecken
anstecken
aufdecken
aufschrecken
aufstecken
aufwecken
ausstecken
ausstrecken
Becken
bedecken
bezwecken
decken
Ecken (die)
einstecken
entdecken
erschrecken
erstrecken
erwecken
Flecken (die)
Gedecken (den)
hecken
Kecken (einen)
klecken
lecken
necken
niederstrecken
recken
schlecken
schmecken
Schrecken
schrecken
Stecken
stecken
strecken
verdecken
verdrecken
Verstecken
verstecken
vollstrecken
wecken
wegstecken
zustecken
Zwecken (den)

ecker
Doppeldecker
Entdecker
Erwecker
Geklecker
Gemecker
kecker (ein)
lecker
Lecker

Schlecker
Stecker
Trecker
Vollstrecker
Wecker

eckig (ekich)
dreckig
eckig
fleckig
leck ich
scheckig
schmeck ich
speckig

eckt
Affekt
angesteckt
Architekt
Aspekt
aufgedeckt
aufgereckt
aufgeweckt
bedeckt
befleckt
defekt
Defekt
Dialekt
direkt
Effekt
entdeckt
erschreckt
gedeckt
gefleckt
gescheckt
geweckt
Insekt
Intellekt
Konfekt
neckt (er)
Objekt
Projekt
Prospekt
Respekt
schmeckt (es)
Sekt
steckt (es)
Subjekt
suspekt
unbedeckt
verdeckt
verdreckt
verschreckt
versteckt

eckte
Geweckte (der)
Kollekte
Prospekte (die)
schreckte (ich)
Sekte
weckte (ich)

eckung
Auferweckung
Bedeckung
Befleckung
Deckung
Entdeckung
Erweckung
Kopfbedeckung
Vollstreckung

eden
anreden
aufreden
ausreden
bereden
Eden
einreden
Fehden (die)
mitreden
reden
Reden (die)
überreden
verreden

eder
entweder
Feder
jeder
jedweder
Leder
Reeder
weder
Zeder

effen
antreffen
im Hintertreffen
Neffen (die)
treffen
Treffen
übertreffen
zusammentreffen

eftig
deftig
heftig

eg
Beleg
heg (ich)
Kolleg
leg (ich)
Privileg
Sakrileg
Steg
Weg

ege
Belege (die)
Gehege
Gelege
Kollege
Pflege
pflege (ich)
rege
überlege (ich)
Wege (die)
zuwege

egel
Egel
Flegel
Kegel
Pegel
Regel
Schlegel
Segel

egen
abfliegen
ablegen
anlegen
anregen
auflegen

aufregen
auslegen
belegen
bewegen
dagegen
darlegen
Degen
deswegen
entgegen
entlegen
erregen
fegen
gegen
gelegen
hegen
Kollegen (die)
legen
Norwegen
regen
Regen
Segen
überlegen
unterlegen
verlegen
verwegen
wegen
Wegen (den)
wogegen
zerlegen
zugegen

eger

Ableger
Anleger
Anreger
Ausleger
Erreger
Feger
Heger
integer
Neger
Pfleger
Verleger
Vorleger

egend

erregend
fegend
Gegend
überlegend

eger

Erreger
Feger
Heger
Kartenleger
Minenleger
Neger
Pfleger
Verleger

egnung

Begegnung
Entgegnung
Segnung

egs

keineswegs
Kollegs (des)
leg's (ich)
pfleg's (ich)
Stegs (des)
unterwegs

egt

angeregt
aufgelegt
aufgeregt
bewegt
erregt
gefegt
gepflegt
hegt (er)
pflegt (er)
überlegt
unentwegt
ungepflegt
unüberlegt

ehen

andrehen (etwas)
anflehen
Ansehen
ansehen
anstehen
aufgehen
Aufsehen
aufstehen
ausgehen
Aussehen
aussehen
ausstehen
begehen
beistehen
Bestehen
bestehen
Darlehen
drehen
eingehen
einsehen
entgehen
entstehen
Fernsehen
fernsehen
flehen
gehen
Geschehen
geschehen
gesehen
gestehen
Lehen
Nachsehen
sehen
stehen
übergehen
umgehen
untergehen
verdrehen
Vergehen
Versehen
versehen
verstehen
wehen
zusehen

eher

Amtsvorsteher
Aufseher
Beisteher
Dreher
eher
Fernseher
Fußgeher
Geher
Hellseher
jeher

Seher
Steher
Verdreher

ei

Abgötterei
Abtei
Akelei
Alberei
Allerlei
an der Reih
anbei
Anpöbelei
Arznei
Aufschneiderei
Bäckerei
Barbarei
Bastei
bei
Betrügerei
Bettelei
Bildhauerei
Blei
Brei
Brennerei
dabei
derlei
Deutelei
drei
dreierlei
Druckerei
Dudelei
Duselei
Ei
ei
Eifersüchtelei
einerlei
Einsiedelei
einwandfrei
Entenei
entzwei
es sei
Eselei
Falschmünzerei
Färberei
Faselei
Faulenzerei
Fischerei
Flegelei
Försterei
frei
Fresserei
Frömmelei
Gärtnerei
Gaukelei
Gaunerei
Gedeih
Geschrei
Geweih
Grübelei
Hauerei
Heuchelei
Hexerei
Hochstapelei
Jägerei
Juristerei
Kanzlei
Kartei
Keilerei
Ketzerei
Kinderei
Klatscherei
Klimperei
Knauserei
Kocherei
Konditorei
Kraxelei
Kriecherei
Künstelei
Lauferei
Leckerei
Liebelei
Liebhaberei
Litanei
Lümmelei
Lumperei
Mai
Mäkelei
Malerei
mancherlei
Meierei
Metzelei
Meuterei
Mogelei
Molkerei
Nackedei
Narretei
Näscherei
Neckerei
Papagei
Partei
Pfuscherei
Pinselei
Plackerei
Plauderei
Polizei
Prahlerei
Prasserei
Prellerei
Prügelei
Quälerei
Raserei
Rauferei
Reederei
Reimerei
Reiterei
Rüpelei
Salbei
Schäkerei
Schalmei
Schererei
Schinderei
Schlägerei
Schlei
Schlemmerei
Schmauserei
Schmeichelei
Schmuggelei
Schmuserei
Schnäbelei
Schneiderei
Schnitzerei
Schrei
schrei (ich)
Schreiberei
Schreinerei
Schufterei
Schulmeisterei
Schurkerei
Schwärmerei
Schweinerei
Schwindelei

Sklaverei
sorgenfrei
Spielerei
Spinnerei
Spitzbüberei
Spöttelei
Staffelei
Stänkerei
Stichelei
Stickerei
Streiterei
Sudelei
Tändelei
Teufelei
Tölpelei
Trödelei
Tyrannei
Verleih
verzeih (ich)
vielerlei
vogelfrei
Völlerei
Wäscherei
Weih
Wichtigtuerei
Wühlerei
Wüstenei
Zänkerei
Zauberei
Ziererei
zwei
zweierlei

eibe

beileibe
Bleibe
Eibe
Reibe
reibe (ich)
Scheibe
Schreibe
treibe (ich)

eiben

beschreiben
betreiben
bleiben
einreiben
reiben
Scheiben (die)
schreiben
Schreiben (die)
treiben
Treiben
übertreiben
unterschreiben
verschreiben
vertreiben

eich

Bereich
bleich
Deich
gleich
hilfreich
Reich
reich
Scheich
Streich
Teich
Vergleich
weich
zahlreich
zugleich

eiche

Bleiche
Blindschleiche
Eiche
erreiche (ich)
Leiche
Reiche (im)
schleiche (ich)
Speiche
Streiche (die)
Teiche (die)
Weiche

eichen

bleichen
dergleichen
eichen
Eichen (die)
eindeichen
einreichen
einweichen
erreichen
Fragezeichen
gleichen
Lesezeichen
reichen
Reichen (die)
schleichen
Speichen (die)
streichen
vergleichen
weichen
Zeichen

eide

beide
Eingeweide
Geschmeide
Getreide
Heide
Kreide
leide (ich)
meide (ich)
Scheide
Schneide
Seide
Weide
zuleide

eiden

ankleiden
ankreiden
ausscheiden
bekleiden
beneiden
bescheiden
entscheiden
erleiden
kleiden
kreiden
leiden
Leiden (die)
meiden
neiden
scheiden
schneiden
verkleiden
vermeiden
weiden
Weiden (die)

eidung
Beeidung
Bekleidung
Bemitleidung
Entkleidung
Entscheidung
Kleidung
Scheidung
Überschneidung
Unterscheidung
Verkleidung
Vermeidung

eie
Freie (der)
Kleie
Reihe
Schleie
Schreie (die)
Weihe
weihe (ich)

eien
anschreien
befreien
benedeien
entzweien
feien
freien
Gedeihen
Innereien
Ländereien
leihen
prophezeien
reihen
Reihen (die)
schneien
schreien
seien (sie)
seihen
speien
verschreien
verzeihen
weihen
Weihen (die)
zeihen

eier
Befreier
Biedermeier
Dreier
Feier
Freier
freier
Geier
Geleier
Leier
Meier
Reiher
Schleier
Schreier
Verleiher
Weiher
Zweier

eif
Gekeif
Greif
Kneif
pfeif (ich)
Reif
reif
Schweif
steif
Streif
unreif

eife
begreife (ich)
Gekeife
Gepfeife
Pfeife
Reife
reife (ich)
Schleife
schweife (ich)
Seife
Streife
Umschweife

eifen
angreifen
begreifen
eingreifen
greifen
keifen
kneifen
pfeifen
Pfeifen (die)
reifen
Reifen (die)
schleifen
Schleifen (die)
schweifen
seifen
steifen
streifen
Streifen (die)

eige
Absteige
Anzeige
feige
Feige
Geige
geschweige
Neige
Ohrfeige
schweige (ich)
Steige
zeige (ich)
Zweige (die)

eigen
absteigen
ansteigen
anzeigen
aufsteigen
aufzeigen
aussteigen
eigen
einsteigen
geigen
Geigen (die)
neigen
ohrfeigen
Reigen
schweigen
Schweigen
steigen
umsteigen
verneigen
volkseigen
zeigen
zuneigen

eigung
Abneigung
Besteigung
Ersteigung
Neigung
Steigung
Verneigung
Verzweigung
Zuneigung

eil
Abteil
Anteil
Beil
feil
geil
Heil
heil (ich)
Keil
Pfeil
Seil
steil
Teil
Urteil
Vorteil
Vorurteil
weil

eile
Eile
Feile
Geile
heile (ich)
Keile
Meile
mittlerweile
Pfeile (die)
Steile
Teile (die)
Weile
Zeile

eilen
abseilen
beeilen
beurteilen
bisweilen
eilen
einteilen
erteilen
feilen
heilen
keilen
Meilen (die)
peilen
seilen
teilen
verteilen
weilen
Zeilen (die)
zuteilen
zuweilen

eim
beim
daheim
Feim
geheim
heim
Heim
Keim
Leim
Reim
reim (ich)
Schleim

ein
Airline
allein
allgemein
Bein
darein
dein
ein
fein
Gebein
gemein
Gestein
hinein
Hotline
irgendein
kein
klein
Latein
Lein
mein
nein
online
Pein
rein
Rhein
Schein
Schrein (der)
Schwein
sein
Sein (das)
Skyline
Stein
überein
unfein
ungemein
Verein
Vorschein
Wein
Zipperlein
Zünglein

eine
alleine
Beine (die)
eine
Feine (die)
Gemeine (der)
Geweine (das)
keine
Kleine (die)
Leine
Reine (ins)
Scheine (zum)

einen
bescheinen
beweinen
Deinen (die)
einen
Einen (die)
erscheinen
greinen
im Reinen
keinen
Leinen
leinen
meinen
Meinen (die)

scheinen
seinen
vereinen
verneinen
weinen

einer

einer
Greiner
keiner
kleiner
Lateiner
meiner
Schreiner
seiner
Vierbeiner

einheit

Allgemeinheit
Einheit
Feinheit
Gemeinheit
Reinheit

einigen

bescheinigen
einigen
reinigen
steinigen
vereinigen

eis (eiß)

Ausweis
Beweis
Edelweiß
Eis
Fleiß
Gleis
Greis
heiß
Hinweis
Kreis
leis
Nachweis
Naseweis
Preis
Reis
Schweiß
Speis
Steiß
Umkreis
Verschleiß
Verweis
weiß
weiß (ich)

eise

Abreise
Ameise
Anreise
Ausreise
Bauweise
Denkweise
Dienstreise
Durchreise
Einreise
Flugreise
Geleise
Heimreise
Hinreise
leise
Meise
paarweise
Preise (die)
preise (ich)
Reise
reise (ich)
Rundreise
Schiffsreise
Schneise
Sehweise
Speise
teilweise
wahlweise
weise
Weise
Zeitreise
zeitweise

eisen

anreisen
anweisen
ausreisen
beweisen
Bügeleisen
eisen
Eisen
entgleisen
erweisen
fortreisen
heimreisen
hinreisen
hinweisen
Hufeisen
kreisen
mitreisen
nachweisen
preisen
Reisen (die)
reisen
speisen
weisen
Weisen (den)

eißen

abreißen
aufreißen
beißen
gleißen
heißen
hinschmeißen
reißen
schmeißen
schweißen
umreißen
verheißen
zerreißen

eist (eißt)

beißt (er)
dreist
Geist
heißt (er)
kreist (er)
meist
schreist (du)
speist (er)
verreist
vergreist
verschweißt
weißt (du)
zumeist

eiste

Geiste (im)
Leiste

meiste (das)
speiste (ich)
verreiste (ich)

eister

Geister (die)
Kleister
Meister

eit

Abwesenheit
Angelegenheit
Arbeit
befreit
Begebenheit
Bequemlichkeit
bereit
Bescheidenheit
Besonderheit
Beständigkeit
Blödheit
breit
Büroarbeit
Christenheit
Dunkelheit
Einigkeit
Einsamkeit
Einzelheit
Eitelkeit
Ewigkeit
Fertigkeit
Festigkeit
Feuchtigkeit
Flüssigkeit
Frechheit
Freiheit
Gartenarbeit
gefeit
Gelegenheit
Geleit
Gerechtigkeit
gescheit
Geschicklichkeit
Geschwindigkeit
Gesundheit
Gewissenhaftigkeit
Gleichheit
Halbheit
Handarbeit
Hausarbeit
Heiligkeit
Heiterkeit
Helligkeit

Kindheit
Kleid
Kleinigkeit
Klugheit
Kopfarbeit
Kurzarbeit
Leichtigkeit
leid
Leid
Menschheit
Mitarbeit
Müdigkeit
Neid
Neuigkeit
Persönlichkeit
Reifheit
Reinheit
Sauberkeit
Scheit
schneit (es)
Schnelligkeit
schreit (er)
Schularbeit
Schwierigkeit
seit
Sicherheit
Sorglosigkeit
Steifheit
Streit
Taubheit
Unendlichkeit
Ungleichheit
Verborgenheit
Verbundenheit
Verlegenheit
weit
Wildheit
Zeit
zu zweit
Zufriedenheit

eite

begleite (ich)
beiseite
Breite
Gefreite
Geleite
Gestreite
Kehrseite
pleite
Pleite
reite (ich)
Seite
Streite (im)
Weite
Zweite (der)

eiten

ableiten
abstreiten
anleiten
arbeiten
ausbreiten
begleiten
beizeiten
bestreiten
einleiten
einschreiten
Gezeiten
gleiten
leiten
reiten
schreiten
streiten
verbreiten
weiten
Weiten (die)
wettstreiten
zubereiten

eiter

Arbeiter
Außenseiter
Bearbeiter
Begleiter
Bereiter
Blitzableiter
breiter

Eiter
Gefreiter
Gleiter
heiter
Leiter
Reiter
Streiter
Tonleiter
weiter

eitung
Ableitung
Anleitung
Aufarbeitung
Aufbereitung
Ausbreitung
Ausschreitung
Ausweitung
Bauleitung
Bearbeitung
Begleitung
Bereitung
Einleitung
Leitung
Umleitung
Verarbeitung
Verbreitung
Vorbereitung
Weitung
Zeitung

eiung
Befreiung
Entweihung
Entzweiung
Parteiung
Prophezeiung
Verleihung
Verzeihung

eiz
allerseits
beiderseits
bereits
Geiz
ihrerseits
meinerseits
Reiz
Schweiz

ektor
Detektor
Direktor
Hector
Inspektor
Kollektor
Konrektor
Korrektor
Lektor
Projektor
Reflektor
Rektor
Sektor
Vektor

el
akzeptabel
Babel
Bibel
Fabel
Falbel
Fibel
flexibel
Gabel
Gebabbel
Gebrabbel
Gefabel
Gekrabbel
Giebel
Hebel
Hobel
Hyperbel
inakzeptabel
Kabel
Kerbel
Knebel
Knobel
Kobel
komfortabel
kompatibel
miserabel
Möbel
Nabel
Nebel
nobel
Parabel
passabel
penibel
plausibel
Pöbel
profitabel
rentabel
respektabel
Säbel
Schnabel
sensibel
spendabel
transportabel
undiskutabel
variabel
Vokabel
Zobel
Zwiebel

ele
empfehle (ich)
Garnele
Kamele (die)
Kehle
Makrele
Parallele
Seele
Stele
Tele

elen
befehlen
empfehlen
fehlen
hehlen
Juwelen (die)
Parallelen (die)
schwelen
stehlen
verhehlen

ell
aktuell
Appell
Aquarell
bakteriell
Bordell
Drell
Duell
essenziell
eventuell

existenziell
experimentell
Fell
finanziell
Flanell
formell
Fotomodell
funktionell
Gebell
gell
generell
Gesell
Gestell
grell
hell
ideell
individuell
inoffiziell
intellektuell
Kapitell
Karamell
Kartell
Karussell
Kastell
kommerziell
konjunkturell
konventionell
kriminell
kulturell
Mamsell
manuell
maschinell
materiell
Modell
Naturell
notariell
offiziell
originell
Pastell
personell
potenziell
prinzipiell
professionell
punktuell
Quell
rationell
Rebell
reell
rituell
Rondell
schnell
sensationell
Skalpell
speziell
universell
unprofessionell
virtuell
visuell
Zeremoniell

elle

anstelle
Bagatelle
Baustelle
Delle
Elle
Forelle
Frikadelle
Gazelle
Gebelle
Geselle
Helle
Kamelle
Kapelle
Kelle
Kriminelle
Lamelle
Libelle
Mikrowelle
Mirabelle
Novelle
Parzelle
Pelle
Quelle
Sardelle
Schelle
Schnelle
Schwelle
Stelle
Tabelle
Welle
Zelle
Zitadelle

ellen

abstellen
anstellen
aufstellen
ausstellen
bellen
bestellen
darstellen
erstellen
feststellen
freistellen
gellen
gesellen
Gesellen (die)
hellen
herstellen
klarstellen
Libellen (die)
Modellen (den)
pellen
prellen
quellen
Salmonellen
schwellen
Seychellen
stellen
umstellen
unterstellen
verstellen
vorstellen
Wellen (die)
Zellen (die)
zerschellen
zufrieden stellen
zustellen

elt

angestellt
Belt
bestellt
Entgelt
entstellt
erhellt
Feld
Geld
geprellt
gesellt

gestellt
gewellt
Held
Unterwelt
verstellt
Welt
Zelt

elten

Angestellten (die)
entgelten
gelten
schellten (sie)
selten
stellten (sie)
vergelten
Welten (die)
zelten

em

angenehm
außerdem
bequem
dem
Diadem
ehedem
Emblem
Extrem
extrem
indem
Lehm
nachdem
Poem
Problem
seitdem
System
trotzdem
unbequem
wem
zudem

emen

abnehmen
aufnehmen
Benehmen
benehmen
bequemen
entnehmen
nehmen
Themen (die)
Unternehmen
vernehmen

emmen

hemmen
klemmen
schlemmen
schwemmen
stemmen

empel

Exempel
Gerempel
Krempel
Stempel
Tempel

en

Arsen
Athen
den
flehn
fotogen
heterogen
homogen
Mäzen
Phänomen
schizophren
Silen
stehn
telegen
zehn

ende

Agende
Allmende
beende (ich)
behände
Blende
Dividende
Ende
Kurrende
Legende
Lende
Spende
spende (ich)
Wende

ender

Blender
Kalender
Sender
Spender
Verschwender

endung

Blendung
Endung
Sendung
Verblendung
Verwendung
Vollendung
Wendung

enen

dehnen
denen
jenen
lehnen
sehnen
Sirenen (die)
Szenen (die)

enge

Enge
Gemenge
Menge
Senge
Strenge

engel

Bengel
Dengel
Engel
Gequengel
Sprengel
Stängel

enken

ablenken
Andenken
ausdenken
Bedenken
bedenken
denken
einlenken
Gedenken

gedenken
Geschenken (den)
lenken
schenken
schwenken
Senken (die)
senken

enn
denn
Gentleman
kenn (ich)
nenn (ich)
Senn
wenn

ennen
anbrennen
anerkennen
Antennen (die)
auftrennen
auskennen
bekennen
benennen
brennen
flennen
Hennen (die)
kennen
nennen
pennen
rennen
Rennen
trennen

ent
Abiturient
Abonnement
Agent
ambivalent
Apartment
Argument
Arrangement
Aszendent
Cent
dekadent
Department
Dirigent
Dissident
Dokument
effizient
Element
Engagement
Entertainment
Experiment
exzellent
Firmament
Fragment
Fundament
ineffizient
Instrument
intelligent
kennt (er)
Klient
kompetent
Kompliment
Konkurrent
korpulent
latent
Medikament
Moment
Monument
opulent
Orient
Ornament
Parlament
Patient
Pigment
Präsident
Quotient
Regent
Regiment
Reglement
rennt (er)
Resident
Sakrament
Sediment
Segment
Sortiment
Student
Talent
Temperament
Testament
turbulent
vehement
virulent
Zement

ente
Alimente
Ambiente
Ente
Momente (die)
Rente
Sukkulente
Tangente
trennte (ich)

enz
Abstinenz
Assistenz
Audienz
Dekadenz
Demenz
Differenz
Eloquenz
Eminenz
Essenz
Existenz
Exzellenz
Frequenz
Indolenz
Insolvenz
Intelligenz
Kadenz
Koexistenz
Kompetenz
Kondolenz
Konferenz
Konkurrenz
Konsequenz
Konsistenz
Konvergenz
Korrespondenz
Kredenz
Kreszenz
Lenz
Lizenz
Magnifizenz
Opulenz
Permanenz
Potenz
Präsenz
Prominenz
Quintessenz
Referenz

Residenz
Resistenz
Reverenz
Sentenz
Sequenz
Tendenz
Transparenz
Turbulenz

enze
Grenze
Lenze

eppe
Schleppe
Steppe
Treppe

epper
Nepper
Schlepper
Stepper

er (är)
begehr (ich)
Begehr
beschwer (ich)
bisher
der
einher
er
Gewehr
Heer
hehr
her
leer (ich)
Meer
mehr
menschenleer
nebenher
nimmermehr
quer
schwer
sehr
Speer
Teer
Verkehr
Verzehr
vielmehr
vorher
wer
Wiederkehr
woher

er
Adapter
Autoscooter
Babysitter
Banker
Barkeeper
Blockbuster
Browser
Butler
Callcenter
Camcorder
CD-Player
Center
Cheerleader
Cheeseburger
clever
Cluster
Computer
Conditioner
Container
Controller
Counter
Cover
Cracker
Cutter
Dealer
Dinner
Drummer
Eyeliner
Fitnesscenter
Gangster
Hacker
Insider
Laser
Lover
Manager
Mixer
Newcomer
Outsider
Pager
Plotter
Poker
Power
Promoter
Provider
Punker
Receiver
Rekorder
Reporter
Salesmanager
Scooter
Server
Shaker
Sneaker
Snooker
Spoiler
Sprayer
Stepper
Sticker
super
Surfer
Sweater
Teenager
Thriller
Timer
Toaster
Toner
Tower
Trailer
Trainer
Trendsetter

erb
derb
Erwerb
herb
Verb
Verderb

erben
erben
erwerben
gerben
kerben
Scherben (die)
Sterben
sterben
Verderben
verderben
vererben
werben

ere
Barriere
Beere
begehre (ich)
Belvedere
Bonboniere
Ehre
Etagere
Galeere
Karriere
Konifere
Leere
Lehre
Misere
Premiere
Quere
Schere
Schwere
Voliere

eren
Beeren (die)
begehren
bekehren
bescheren
ehren
einkehren
entbehren
erschweren
kehren
Koniferen (die)
leeren
lehren
mehren
queren
scheren
teeren
verehren
verkehren
versehren
wehren
zehren

erne
entferne (ich)
ferne
Ferne
gerne
Kaserne
Laterne
lerne (ich)
Moderne
Sterne (die)
Taverne
Zisterne

ērt
beachtenswert
begehrt
bekehrt
bemerkenswert
beneidenswert
beschert
bewundernswert
ehrenwert
entehrt
geehrt
geleert
Herd
liebenswert
lobenswert
Pferd
Schwert
sehenswert
verehrt
verkehrt
vermehrt
versehrt
wert
Wert
wissenswert

ĕrt
gesperrt
Konzert
versperrt
verzerrt

erz
Herz
Kommerz
Nerz
Scherz
Schmerz
Sterz
Terz

es
alles
Diabetes
eines
Herkules
Hermes
indes
jedes
keines
Kirmes
meines
seines

ese
Anamnese
Askese
Auslese
Chinese
Diözese
lese (ich)
Nachlese
Prothese
Spätlese
Synthese
These
Weinlese

esen
Anwesen
auflesen
auslesen
Besen
erlesen
Federlesen
gewesen
lesen
Spesen (die)
Tresen
verwesen
Wesen

ess
Baroness
Business
Cleverness
des
Dress
ess (ich)
express

Express
Exzess
Fairness
Fitness
Hostess
indes
Kongress
mess (ich)
press (ich)
Prinzess
Progress
Prozess
Regress
SOS
Stress
Wellness

esse

Adresse
Baronesse
Blesse
Delikatesse
Desinteresse
Esse
esse (ich)
Finesse
Fresse
Interesse
Kompresse
Kresse
Messe
Noblesse
Politesse
Presse
presse (ich)
Raffinesse
Tresse
Tristesse
Zypresse

essen

angemessen
bemessen
besessen
dessen
eingesessen
Ermessen
ermessen
erpressen
Essen
essen
Fressen
fressen
indessen
Interessen (die)
messen
pressen
stattdessen
stressen
unterdessen
wessen

esser

besser
Durchmesser
Erpresser
Esser
Fresser
Messer
Mitesser
Presser
Vermesser

ĕst

Arrest
Asbest
Attest
Fest
fest
Manifest
mindest
Nest
Pest
Podest
Protest
Rest
Test
West

ĕste

Beste (das)
feste
Feste
Geste
Mindeste (das)
Proteste (die)
teste (ich)
Weste

ĕsten

besten (am)
testen
Westen (die)

et

Alphabet
Asket
Ästhet
Athlet
Beet
Biathlet
Bidet
Buffet
Chalet
Dekret
diskret
Filet
Gebet
Interpret
Komet
konkret
Magnet
Met
Paket
Pamphlet
Planet
Poet
Prolet
Prophet
Reet
Sekret
Ticket

ete

Beete
Fete
flehte (ich)
Kathete
Knete
knete (ich)
Machete
Muskete
Pastete
Rakete
Stakete
Tapete

Trompete
vertrete (ich)
wehte (es)

eten

Athleten (die)
auftreten
Auftreten
beten
betreten
kneten
treten
Trompeten (die)
vertreten

eter

Barometer
Beter
Dezimeter
Elfmeter
Ergometer
Geometer
Gezeter
Hexameter
Hydrometer
Hygrometer
Katheter
Kilometer
Kubikmeter
Meter
Miesepeter
Millimeter
Pentameter
Peter
Salpeter
Struwwelpeter
Tachometer
Thermometer
Vertreter
Zentimeter

etisch

alphabetisch
asketisch
ästhetisch
athletisch
energetisch
ethisch
Fetisch
frenetisch
genetisch
hermetisch
kosmetisch
magnetisch
phonetisch
poetisch
sympathetisch
synthetisch
theoretisch

ett

adrett
Amulett
Baguette
Bajonett
Ballett
Bankett
Barett
Bett
Billett
Brett
Brikett
brünett
Büfett
Bukett
Duett
Etikett
Fett
fett
Florett
Inlett
Jackett
Kabarett
Kabinett
Kabriolett
Kadett
Klarett
Klosett
kokett
komplett
Kornett
Korsett
Kotelett
Lazarett
Menuett
Mett
Minarett
nett
Omelett
Parkett
Quartett
Quintett
Roulett
Sextett
Skelett
Sonett
Sorbett
Spinett
Starlett
Stilett
Surfbrett
Tablett
Terzett
Violett
violett
wett (ich)

ette

Amorette
Assiette
Bankette
Brünette
Bulette
Chansonette
Christmette
Crevette
Croquette
Diskette
Doublette
Eau de Toilette
Etikette
Facette
Fette
Gazette
Jalousette
Kassette
Kette
Kitchenette
Klarinette
Klette
Kokette
Korvette
Krevette
Limette

Maisonette
Manschette
Marionette
Mette
Omelette
Operette
Paillette
Palette
Pantolette
Pinzette
Pipette
Pirouette
Rosette
Roulette
Sandalette
Schmonzette
Serviette
Silhouette
Stafette
Tablette
Toilette
Vignette
Wette
wette (ich)
Zigarette

etter

Bretter (die)
Geklätter
Geschmetter
Letter
Retter
Trendsetter
Vetter
Wetter

etzen

absetzen
aufsetzen
aussetzen
besetzen
Entsetzen
entsetzen
ersetzen
festsetzen
Fetzen
fortsetzen
hetzen
instand setzen
netzen
petzen
setzen
übersetzen
umsetzen
verletzen
versetzen
vorsetzen
wetzen
zerfetzen
zusetzen

eu

ahoi
Abscheu
brandneu
Efeu
getreu
Heu
neu
Pneu
Scheu
scheu
Spreu
Streu
toi, toi, toi
treu

euen

bereuen
bestreuen
betreuen
erfreuen
freuen
reuen
scheuen
streuen
verabscheuen
verstreuen
veruntreuen
zerstreuen

euer

Abenteuer
Betreuer
euer
Feuer
geheuer
Heuer
heuer
neuer (ein)
Scheuer
Steuer
Streuer
teuer
Ungeheuer
ungeheuer

eule

Beule
beule (ich)
Eule
Geheule
heule (ich)
Keule

eur (ör)

Charmeur
Chauffeur
Coiffeur
Couleur
Deserteur
Exterieur
Friseur
Gouverneur
Ingenieur
Interieur
Jongleur
Kollaborateur
Kommandeur
Masseur
Monsieur
Souffleur

eut

betreut
betreut (er)
erfreut (er)
erneut
gescheut
heut
Pharmazeut
Therapeut

eute

betreute (ich)
Beute

deute (ich)
erbeute (ich)
heute
Leute (die)
Meute

I

i (ie)

Abi
Akademie
Alchemie
Alibi
Allergie
Amnesie
Amnestie
Analogie
Anämie
Anarchie
Anatomie
anderswie
anno Domini
Anomalie
Anthologie
Antipathie
Apathie
Aristokratie
Artillerie
Astrologie
Astronomie
Autonomie
Batterie
Bigamie
Bikini
Biographie
Biologie
Bürokratie
Chemie
Chirurgie
Chronologie
Demokratie
die
Drogerie
Dynastie
ebendie
Energie
Epidemie
Ergonomie
Esprit
Etui
Fantasie
Fotografie
Fotokopie
Galaxie
Galerie
Gastronomie
gedieh (er)
Genie
Geografie
Geologie
Geometrie
gleichwie
Harmonie
Havarie
hie
Hierarchie
hihi
Hippie
Homöopathie
Hysterie
Ideologie
Industrie
Infanterie
irgendwie
Ironie
Juli
Juni
Kalorie
Kategorie
Kavallerie
kikeriki
Knie
Kolibri
Kolonie
Kompanie
Kopie
Krimi
Kuli
Lethargie
lieh (er)
Lotterie
ma chérie
maxi
Maxi
Melodie
Mini
mon chéri
Monarchie
Monogamie
Monotonie
Mythologie
nie
Ökologie
Ökonomie
Parodie
Partie
Philosophie
Polygamie
Potpourri
Prärie
Psychologie
quasi
Regie
remis
schrie (er)
sie
sieh
spie (er)
Strategie
Sympathie
Symphonie
Szenerie
Telepathie
Telefonie
Theologie
Theorie
Therapie
tirili
Utopie
Vati
verzieh (er)
Vieh
vis-à-vis
wie
Zeremonie
Zoologie

ich

abenteuerlich
ärgerlich
äußerlich
betrieblich
betrüblich
Bienenstich
bitterlich

brüderlich
buchstäblich
bürgerlich
dich
ehelich
Enterich
erblich
erheblich
ewiglich
feierlich
förderlich
fürchterlich
Gänserich
gelegentlich
gewerblich
heimatlich
hoffentlich
ich
innerlich
inniglich
jämmerlich
jugendlich
königlich
körperlich
kümmerlich
lächerlich
leserlich
lieblich
liederlich
löblich
meisterlich
mich
monatlich
morgendlich
Mückenstich
mütterlich
namentlich
öffentlich
ordentlich
österlich
ritterlich
säuberlich
Schlich
sich
sicherlich
sommerlich
sonderlich
Sonnenstich
Spatenstich
sprich
Stich
Strich
Tatterich
väterlich
veränderlich
Wegerich
weihnachtlich
wesentlich
widerlich
winterlich
wissentlich
wöchentlich
wunderlich
Wüterich
zimperlich

ichen

ausgeglichen
erblichen (sie)
erschlichen
gewichen
glichen (sie)
pichen
schlichen (sie)
strichen (sie)
verblichen
verehelichen
verewiglichen
veröffentlichen
verstrichen
verwichen
wichen (sie)
Wesentlichen (im)

ichse (ickse)

Fixe (der)
knickse (ich)
Knickse
mixe (ich)
Nixe
Schickse

icht

Abendlicht
Augenlicht
ausgepicht
Bericht
Blaulicht
Blinklicht
Blitzlicht
bricht (er)
dicht
Dickicht
erpicht
ficht (er)
flicht (er)
Flutlicht
Gedicht
Gericht
Gesicht
Gewicht
Gicht
Habicht
Licht
licht
Mondlicht
Nachtschicht
nicht
Nordlicht
Pflicht
Rampenlicht
Schicht
schlicht
Sicht
Sonnenlicht
spricht (er)
sticht (er)
Tageslicht
Übersicht
undicht
Unterricht
Vergissmeinnicht
Verzicht
Warnlicht
Wicht
Zuversicht

ichte

Dichte
dichte (ich)
Fichte

Geschichte
Nichte
pichte (ich)
richte (ich)
Schichte
veröffentlichte (ich)
Wichte (die)
zunichte

ichten
ablichten
abrichten
anrichten
ausrichten
Aussichten (die)
beipflichten
belichten
berichten
dichten
einrichten
entrichten
erdichten
errichten
fichten
Geschichten (die)
gewichten
herrichten
lichten
mitnichten
Nachrichten (die)
richten
schichten
schlichten
sichten
unterrichten
vernichten
veröffentlichten (sie)
verpflichten
verrichten
verzichten

ichter
Berichter
Dichter
dichter
Gelichter
Gesichter (die)
Lichter (die)
Richter
Schlichter
schlichter
Trichter
Verdichter
Vernichter

ichtig
gewichtig
nichtig
pflichtig
richtig
übersichtig
wichtig

ichtung
Abdichtung
Ablichtung
Abrichtung
Aufrichtung
Aufschichtung
Auslichtung
Ausrichtung
Belichtung
Beschichtung
Dichtung
Einrichtung
Errichtung
Lichtung
Richtung
Schichtung
Schlichtung
Sichtung
Verdichtung
Vernichtung
Verpflichtung
Verrichtung

ick
Augenblick
Ausblick
Blick
chic
dick
Einblick
Genick
Geschick
Gestrick
Gig
Hattrick
Hinblick
Joystick
Kick
Klick
klick
Knick
Lichtblick
Limerick
meterdick
Missgeschick
Picknick
quick
Rückblick
Rundblick
Schick
schick
Schlick
Slapstick
Strick
Tick
Trick
Überblick
Weitblick

ickel
Karnickel
Nickel
Pickel
Pumpernickel
Wickel
Zwickel

icken
anblicken
ausblicken
blicken
dicken
Dicken (die)
durchblicken
einblicken
erblicken
erquicken
ersticken
Flicken
flicken
kicken

klicken
knicken
nicken
picken
picknicken
schicken
spicken
sticken
stricken
ticken
überblicken
Zicken (die)
zwicken

ickt

bestickt
Delikt
Distrikt
Edikt
erstickt
geflickt
geknickt
geschickt
gestickt
gestrickt
Konflikt
Konvikt
nickt (er)
Relikt
strikt
tickt (er)
verstrickt

ieb

Antrieb
Auftrieb
Austrieb
Betrieb
blieb (ich)
Dieb
gib
Hieb
Jeep
lieb
piep
Prinzip
schrieb (ich)
Schrieb
Sieb
Trieb
Vertrieb
vorlieb

iebe

Diebe (die)
Geschiebe
Getriebe
Griebe
Hiebe (die)
Liebe
schiebe (ich)
Triebe (die)
Vorliebe
zuliebe

iebel

Bibel
Fibel
flexibel
Giebel
penibel
plausibel
sensibel
Zwiebel

ieben

anschieben
aufschieben
Belieben
belieben
beschrieben (sie)
betrieben (sie)
blieben (sie)
durchtrieben
eingeschrieben
gerieben
getrieben
hieben (sie)
lieben
schieben
schrieben (sie)
Sieben
sieben
stieben
Trieben (den)
übertrieben (sie)
übrig geblieben
verlieben

ieber

Biber
Fiber
Fieber
Kaliber
Lieber (mein)
lieber
Schieber
Stieber

iechen

erriechen
Griechen (die)
kriechen
riechen
siechen
Siechen (die)
unterkriechen
verkriechen (sich)

iede

Druide
Friede
Hybride
Invalide
perfide
Pyramide
schmiede (ich)
Schmiede
siede (ich)
solide
stupide
Unfriede

ieden

befrieden
entschieden
Frieden
gemieden
geschieden
Invaliden (die)
mieden (sie)
Schmieden (die)
sieden
umfrieden
unentschieden

Unfrieden
unzufrieden
verabschieden
vermieden (sie)
verschieden
zufrieden

ieder
bieder
danieder
Flieder
Gefieder
Glieder (die)
hernieder
Lider (die)
Lieder (die)
Mieder
nieder
Sieder
solider
wider
wieder
zuwider

ief
aggressiv
aktiv
Aktiv
Aperitif
Archiv
Brief
Cornedbeef
definitiv
Detektiv
exklusiv
impulsiv
intensiv
Kalif
lasziv
lukrativ
massiv
Mief
Motiv
naiv
negativ
Negativ
objektiv
Objektiv
offensiv
positiv
Positiv
primitiv
produktiv
qualitativ
relativ
schief
schlief (ich)
Stativ
subjektiv
Tarif
tief
Tief

iefen
beriefen (sie)
Briefen (den)
liefen (sie)
Oliven (die)
riefen (sie)
schliefen (sie)
schniefen
Tiefen (die)
triefen
verbriefen
vertiefen

ieg
Abstieg
Anstieg
Aufstieg
Ausstieg
bieg (ich)
Einstieg
flieg (ich)
Krieg
schwieg (ich)
Sieg
Stieg
stieg (ich)

iege
Fliege
Intrige
Kriege (die)
Liege
liege (ich)
Riege
Siege (die)
Stiege
Wiege
Ziege

iegel
Eulenspiegel
Igel
Riegel
Siegel
Spiegel
Striegel
Tiegel
Ziegel

iegeln
abriegeln
abwiegeln
besiegeln
riegeln
schniegeln
siegeln
spiegeln
striegeln
verriegeln
versiegeln
verspiegeln
widerspiegeln
wiegeln

iegen
abwiegen
Anliegen
anschmiegen
aufbiegen
besiegen
biegen
erliegen
fliegen
gediegen
geschwiegen
gestiegen
hinkriegen
Intrigen (die)
kriegen
liegen
schmiegen
siegen

stiegen (sie)
verschwiegen (sie)
vorliegen
wiegen

iehen

anziehen
aufziehen
ausziehen
beziehen
einziehen
erziehen
fliehen
gediehen (sie)
geliehen
umziehen
verliehen
verziehen
vollziehen
vorziehen
ziehen (sie)

iel (īl)

agil
Automobil
Beispiel
Brasil
Domizil
Exil
Federkiel
fiel (ich)
Fossil
infantil
Kiel
Konzil
Krokodil
labil
mobil
Nil
Priel
Profil
Reptil
senil
skurril
Spiel
stabil
steril
Stiel
Stil
subtil
Ventil
viel
wie viel
Ziel
ziel (ich)
Zivil
zu viel

ielen

Dielen (die)
fielen (sie)
entfielen (sie)
verfielen (sie)
zerfielen (sie)
schielen
spielen
zielen
vielen (die)

iem

Cherubim
ihm
intim
legitim
maritim
Pfriem
Priem
Prim
Seraphim
Team

ien

alpin
Aspirin
Baldachin
Delfin
DIN
Disziplin
Doktrin
fliehn
gediehn
geliehn
Harlekin
Hermelin
ihn
Insulin
Jasmin
Kamin
Karmin
Magazin
Mandarin
Medizin
Nikotin
Offizin
Paladin
Pepsin
Pinguin
Rosmarin
Rubin
Ruin
schien (es)
Spleen
Tamburin
Termin
Terpentin
Turmalin
Ultramarin
verschrien
ziehn

iene

Apfelsine
Beduine
Biene
Blondine
Cousine
Delfine
diene (ich)
Gardine
Gelatine
Heroine
Kabine
Kantine
Konkubine
Latrine
Lawine
Limousine
Lupine
Mandarine
Mandoline
Margarine
Marine
Maschine
Miene

Mine
Pantine
Pelerine
Praline
Rosine
Routine
Ruine
Saline
Sardine
Schiene
schiene (ich)
Serpentine
Terrine
Turbine
Violine
Vitrine

ienen
Bienen (die)
dienen
grienen
ihnen
Mienen (die)
Ruinen (die)
schienen (sie)
verdienen
verminen

iener
Augustiner
Berliner
Bernhardiner
Diener
Florentiner
Jakobiner
Kapuziner
Karabiner
Mediziner
Rabbiner
Schlawiner
Verdiener
Wiener

ier
Barbier
Begier
Bier
Brevier
dir
Elixier
Fakir
Furnier
Gallier
Geschmier
Getier
Gezier
Gier
Grenadier
Habgier
hier
ihr
Juwelier
Kanonier
Kavalier
Klavier
Kurier
Manier
mir
Musketier
Offizier
Panier
Papier
Passagier
Pionier
Polier
Revier
Saphir
Scharnier
schier
Spalier
Spanier
Stier
Tier
Turnier
Vampir
verlier
vier
Visier
wir
Zier

ieren
abonnieren
absorbieren
addieren
adoptieren
adressieren
agieren
akzeptieren
alarmieren
amüsieren
animieren
annektieren
annoncieren
annullieren
anprobieren
appellieren
applaudieren
arrangieren
assoziieren
attackieren
autorisieren
avancieren
balancieren
balsamieren
blockieren
blondieren
bombardieren
brüskieren
buchstabieren
chauffieren
codieren
datieren
defilieren
definieren
degradieren
dekorieren
delegieren
dementieren
demonstrieren
deponieren
diktieren
dinieren
dirigieren
diskutieren
disponieren
dividieren
dokumentieren
dominieren
dramatisieren
dressieren
duellieren
einstudieren

emanzipieren
engagieren
etablieren
evakuieren
examinieren
existieren
experimentieren
explodieren
exportieren
fabrizieren
fabulieren
fantasieren
filtrieren
fingieren
fixieren
florieren
formulieren
fotografieren
fotokopieren
frankieren
frieren
fungieren
funktionieren
galoppieren
garantieren
garnieren
genieren
gestikulieren
gieren
grassieren
gratulieren
gruppieren
halbieren
hantieren
harmonieren
hausieren
hofieren
honorieren
hypnotisieren
identifizieren
ignorieren
illuminieren
illustrieren
imponieren
importieren
improvisieren
infizieren
informieren
initiieren
inserieren
inspirieren
inszenieren
interessieren
interpretieren
irritieren
isolieren
jonglieren
jubilieren
kandidieren
kapieren
kapitulieren
karikieren
kaschieren
kassieren
kollidieren
kolorieren
kombinieren
kommandieren
kompensieren
komponieren
kondolieren
konfirmieren
konkurrieren
konservieren
konstatieren
konstruieren
konsultieren
konzentrieren
konzertieren
kopieren
korrespondieren
korrigieren
krepieren
kritisieren
kultivieren
kurieren
kutschieren
laborieren
lackieren
lamentieren
legieren
markieren
marschieren
massieren
mobilisieren
modulieren
monieren
motivieren
musizieren
negieren
nivellieren
notieren
nummerieren
okkupieren
operieren
organisieren
orientieren
parieren
parodieren
passieren
pausieren
pensionieren
philosophieren
pikieren
planieren
polemisieren
polieren
präparieren
präsentieren
probieren
produzieren
profitieren
projektieren
projizieren
proklamieren
promenieren
protestieren
provozieren
prozessieren
publizieren
punktieren
quittieren
radieren
rasieren
reagieren
realisieren
rebellieren
redigieren
referieren
reflektieren
regieren
renommieren
renovieren
reparieren

repräsentieren
reservieren
residieren
restaurieren
resümieren
retuschieren
revidieren
revoltieren
rezensieren
rezitieren
riskieren
rivalisieren
ruinieren
sabotieren
salutieren
sanieren
schikanieren
schmieren
schnabulieren
schockieren
servieren
signieren
skizzieren
sortieren
spazieren
spekulieren
spionieren
stagnieren
stieren
strapazieren
studieren
suggerieren
summieren
sympathisieren
synchronisieren
tätowieren
taxieren
triumphieren
verlieren
visieren
wattieren
zieren
zitieren

iert

affektiert
alliiert
arriviert
artikuliert
assoziiert
ausprobiert
ausrangiert
automatisiert
balanciert
beschmiert
bestinformiert
borniert
broschiert
chauffiert
couragiert
datiert
deformiert
dekoriert
demotiviert
deplatziert
disponiert
distanziert
diszipliniert
dressiert
ediert
einstudiert
emailliert
emanzipiert
engagiert
exaltiert
exponiert
fingiert
formiert
frankiert
frisiert
frustriert
fundiert
garantiert
garniert
geniert
Geviert
geziert
glasiert
graduiert
granuliert
illuminiert
illustriert
imitiert
informiert
isoliert
kandiert
kariert
kartoniert
klimatisiert
kombiniert
kompliziert
kontrolliert
konzentriert
koordiniert
kultiviert
lackiert
liiert
limitiert
liniert
lizenziert
manipuliert
mariniert
markiert
maskiert
mattiert
mechanisiert
meliert
möbliert
montiert
motiviert
motorisiert
notiert
nummeriert
organisiert
orientiert
paniert
passioniert
patentiert
pensioniert
pikiert
platziert
poliert
präsentiert
privilegiert
profiliert
protokolliert
raffiniert
ramponiert
rasiert
reflektiert
reguliert

renommiert
repariert
repräsentiert
reserviert
sortiert
stilisiert
studiert
talentiert
trainiert
verliert (er)
versiert
verziert
viert
wattiert
zensiert
zitiert

ierung
Akkumulierung
Alarmierung
Animierung
Annullierung
Artikulierung
Blockierung
Bundesregierung
Deformierung
Degradierung
Deklarierung
Dekorierung
Delegierung
Demolierung
Dezimierung
Drapierung
Emanzipierung
Erfrierung
Eskalierung
Evakuierung
Formulierung
Frankierung
Garnierung
Generierung
Globalisierung
Grundierung
Gruppierung
Isolierung
Konservierung
Lackierung
Laminierung
Lasierung
Legierung
Legitimierung
Liberalisierung
Markierung
Maskierung
Mobilisierung
Möblierung
Motivierung
Negierung
Nominierung
Notierung
Prämierung
Profilierung
Programmierung
Radierung
Rationierung
Realisierung
Redigierung
Regierung
Regulierung
Restaurierung
Sanierung
Schattierung
Schmierung
Schraffierung
Signierung
Staffierung
Stagnierung
Stimulierung
Stornierung
Tätowierung
Terminierung
Titulierung
Tolerierung
Uniformierung
Verzierung
Zentralisierung
Zentrierung

ies
Anis
bewies (ich)
blies (ich)
dies
fies
Fließ
Fries
Grieß
hieß (ich)
Kies
lies
ließ (ich)
mies
Paradies
Ries
Service
Spieß
stieß (ich)
überdies
Verlies
Vlies

iese
Biese
Devise
diese
Fliese
Friese
Krise
Markise
Marquise
Ostfriese
Paradiese (die)
Prise
Riese
Wiese

ießen
abschließen
anschließen
ausgießen
begießen
beschließen
Bogenschießen
einfließen
entschließen
fließen
genießen
Gießen
gießen
hießen (sie)
ließen (sie)

Schießen
schießen
schließen
spießen
sprießen
stießen (sie)
umfließen
umgießen
vergießen
verließen (sie)
verschließen

iet

Appetit
Aquavit
Bandit
Biskuit
Dolomit
Dynamit
Eremit
Favorit
flieht (er)
Gebiet
geschieht (es)
Glied
Granit
gravid
Kolorit
Kosmopolit
Kredit
Lid
Lied
morbid
Parasit
perfid
Profit
Requisit
Ried
Satellit
Schmied
sieht (er)
solid
stupid
Unterschied
Zenit
zieht (er)

iete

Aphrodite
biete (ich)
Elite
Miete
miete (ich)
Niete
Suite
Termite
Visite

ieten

anbieten
Anerbieten
anmieten
berieten (sie)
bieten
brieten (sie)
darbieten
gebieten
knieten (sie)
mieten
Mieten (die)
nieten
rieten (sie)
Riten (die)
überbieten
verbieten
verrieten
Visiten (die)

iff

Angriff
Anpfiff
Begriff
Eingriff
Griff
griff (ich)
Inbegriff
Kliff
Kniff
Pfiff
pfiff (ich)
Riff
Schiff
Schliff
Wüstenschiff
Zugriff

iffen

abgegriffen
angegriffen
begriffen (sie)
ergriffen
geschliffen
griffen (sie)
inbegriffen
kniffen (sie)
pfiffen (sie)
schiffen
schliffen (sie)
vergriffen
verkniffen

ift

Anschrift
Aufschrift
Bleistift
Buntstift
Drift
Filzstift
Gift
Lift
Mitgift
Nachschrift
Rauschgift
Schrift
Skilift
Stift
Trift
Überschrift
Vorschrift
Zeitschrift
Zuschrift

iften (ifften)

anstiften
beschriften
driften
giften (sich)
liften
schifften (sie)
Schriften (die)
stiften
triften
vergiften
Vorschriften (die)

ik
antik
Aspik
Botanik
Chronik
Duplik
Elektrik
Epik
Esoterik
Ethik
Fabrik
Grafik
Hydraulik
Karibik
Keramik
Klassik
Klinik
Kolik
Komik
Kubik
Logik
Lyrik
Mechanik
Methodik
Metrik
Mimik
Mosaik
Motorik
Musik
Pädagogik
Panik
Pazifik
publik
Replik
Republik
Rhetorik
Rubrik
Schaschlik
Technik
Tragik

ikel
Artikel
Matrikel
Partikel
Vehikel

ilde
Bilde (im)
Gebilde
Gefilde
Gilde
milde
Milde
Schilde (im)
Wilde (der)

ilder
Bilder (die)
Schilder (die)
milder
wilder

ilie
Familie
Lilie
Petersilie

ilien
Brasilien
Familien (die)
Fossilien (die)
Immobilien (die)
Lilien (die)
Textilien (die)
Utensilien (die)
Vegetabilien (die)

ill
April
Bill
Dill
Drill
Grill
Kodizill
Mandrill
Spill
still
Twill
Unbill
will (ich)
windstill

ille
Bazille
Brille
Chenille
Destille
Grille
Kamille
Marille
Pastille
Pille
Promille
Pupille
Quadrille
Rille
Stille
stille (ich)
Vanille
Widerwille
Wille

illen
Bazillen (die)
drillen
Grillen (die)
grillen
killen
quillen
rillen
schrillen
stillen
Villen (die)
Willen

ilt
Bild
Gefild
gestillt
gewillt
gilt (es)
mild
Schild
schwillt (es)
stillt (er)
wild
Wild

immel
Bimmel
Fimmel
Gebimmel
Gewimmel
Himmel
Schimmel

immen
abstimmen
bestimmen
einstimmen
glimmen
Immen (die)
klimmen
schwimmen
Stimmen (die)
stimmen
trimmen
verstimmen
zustimmen

immer
Dimmer
Flimmer
Geflimmer
Gewimmer
Glimmer
immer
Krimmer
nimmer
Schimmer
schlimmer
Schwimmer
Stimmer
Trimmer
Zimmer

īn
clean
Evergreen
Halloween
Koffein
Queen
Spleen
Teen
Touchscreen

inde
Binde
binde (ich)
Blinde (der)
finde (ich)
Gebinde
gelinde
Gesinde
Gewinde
Kinde (dem)
Linde
Rinde
Spinde (im)
Winde (die)

inden
abfinden
anbinden
aufbinden
auffinden
Befinden
befinden
binden
einfinden
Empfinden
empfinden
entbinden
entschwinden
erfinden
finden
herausfinden
schinden
schwinden
stattfinden
überwinden
verbinden
verschwinden
vorfinden
wieder finden
winden
Wohlbefinden
zubinden

inder
Binder
Blinder
Erfinder
Finder
gelinder
Kinder (die)
minder
Schinder
Überwinder
Zylinder

indung
Abfindung
Anbindung
Bindung
Einbindung
Empfindung
Entbindung
Erfindung
Findung
Selbstfindung
Überwindung
Verbindung
Windung

ing
Bodybuilding
Bodypainting
Bowling
Brainstorming
bring (ich)
Bückling
Camping
Caravaning
Carving
Catering
Controlling
Curling
Darling
Däumling
Dichterling
Ding
Doping
Dribbling
Drilling
Dumping
Ehering
Engerling
Erstling
Fasching
Fäustling
Feeling
Feigling
Fiesling
Findling
fing (ich)
Flüchtling
Fremdling
Frischling
Frühling
gering

ging (ich)
Happening
Häuptling
Hearing
Hering
hing (ich)
Holding
Jogging
Jüngling
King
kling (ich)
klingeling
Learning by Doing
Leasing
Lemming
Liebling
Looping
Marketing
Meeting
Merchandising
Mobbing
Neuling
Onlinebanking
Outing
Paragliding
Peeling
Piercing
Pudding
Ranking
Rating
Recycling
Rehling
Ring
Rohling
Säugling
Scanning
Schädling
Schmetterling
Schönling
Scratching
Screening
Shopping
Sightseeing
Smoking
Sperling
Spinning
Stretching
Styling
Surfing
Telebanking
Teleshopping
Timing
Training
Trekking
Walking
Windsurfing
Wrestling
Zwilling

inge

Dinge
Gesinge
ginge (ich)
hinge (ich)
Klinge
Ringe
Schlinge
Schmetterlinge
springe (ich)
Zwinge
zwinge (ich)

ingen

anbringen
aufbringen
bedingen
begingen (sie)
besingen
bezwingen
bringen
dingen
dringen
eindringen
empfingen (sie)
entgingen (sie)
entspringen
erklingen
fingen (sie)
gelingen
geringen (die)
gingen (sie)
hinbringen
hingen (sie)
klingen
Klingen (die)
misslingen
niederzwingen
ringen
schlingen
schwingen
Schwingen (die)
singen
springen
überbringen
übergingen (sie)
umringen
umschlingen
umspringen
unterbringen
verbringen
vergingen (sie)
verklingen
verschlingen
vollbringen
wringen
zergingen
zerspringen
zubringen
zwingen

inger

Bezwinger
Bringer
Dinger (die)
Finger
Meistersinger
Ringer
Schwinger
Zwinger

ink

Drink
Fink
flink
hink (ich)
pink
trink (ich)
Wink
Zink

inken

blinken
ertrinken
Finken (die)
hinken

klinken
Klinken (die)
linken
Linken (die)
Schinken
schminken
sinken
stinken
trinken
winken

inn
Arbeiterin
Bäuerin
beginn (ich)
Beginn
Blödsinn
Buhlerin
dahin
Dienerin
dorthin
gewinn (ich)
Gewinn
hin
Kellnerin
Kennerin
Kinn
Königin
Künstlerin
Lehrerin
Lügnerin
Malerin
Meisterin
Müllerin
ohnehin
Schäferin
Schneiderin
Schwägerin
Schwätzerin
Schwindlerin
Sinn
Spinnerin
Spürsinn
Starrsinn
Tiefsinn
Trübsinn
umhin
Unsinn
vorhin
Wahnsinn
Weberin
wohin
Zinn

inne
Finne
inne
Kinne (am)
Minne
Pinne
Rinne
Sinne (im)
spinne (ich)
Spinne
Zinne

innen
anpinnen
Ansinnen
Beginnen
beginnen
besinnen
binnen
darinnen
drinnen
gerinnen
gewinnen
innen
pinnen
rinnen
Rinnen (die)
sinnen
Sinnen (von)
spinnen
zerrinnen
Zinnen (die)

innung
Besinnung
Gerinnung
Gesinnung
Gewinnung
Innung

ino
Albino
Bambino
Kasino
Kino

inse
Binse
grinse (ich)
Linse
Plinse

insel
Gepinsel
Gerinnsel
Insel
pinsel (ich)
Pinsel
winsel (ich)

int
Absinth
blind
empfind (ich)
Flint
gelind
geschwind
gesinnt
Grind
Kind
Labyrinth
lind
Rind
sind
Spind
Sprint
verschwind
Wind

inte
Finte
Flinte
Hyazinthe
Korinthe
Printe
Quinte
Tinte

ipfel
Gipfel
Wipfel
Zipfel

ipp
Clip
Flip
kipp (ich)
Tipp
Trip

ippe
Gerippe
Grippe
Kippe
Klippe
Krippe
Lippe
Rippe
schippe (ich)
Schippe
Schrippe
Sippe
Strippe
wippe (ich)
Wippe
Xanthippe

ippen
dippen
kippen
Lippen (die)
nippen
schippen
schnippen
Sippen (die)
tippen
wippen

ips
Chips
Fips
Gips
Grips
Klipps
Knips
Pips
Rips
Schlips
Schwips
Stips

irne
Birne
Dirne
Firne (die)
Gestirne (die)
Stirne

irre
Geklirre
Geschirre
Gewirre
irre
Irre (der)
kirre
Wirre

irren
abschwirren
beirren
entwirren
flirren
girren
Irren (die)
irren
kirren
klirren
schwirren
umschwirren
verirren
verwirren

irt
Hirt
irrt (er)
klirrt (es)
unbeirrt
verirrt
verwirrt
wird (er)
Wirt

is
Ägäis
Akropolis
Amaryllis
Anis
Ärgernis
Bedrängnis
Bedürfnis
Befugnis
Besorgnis
bis
Biss
Bündnis
Einverständnis
Empfängnis
Ereignis
Ergebnis
Erlaubnis
Erlebnis
Erzeugnis
Finsternis
friss
Gebiss
Gefängnis
Geständnis
gewiss
Hindernis
Ibis
iss
Kandis
Kompromiss
Kürbis
Narziss
Riss
Schiss
Türkis
vergiss
Verhängnis
vermiss (ich)
Verständnis
Wildnis

isch
arabisch
betrügerisch
erfinderisch
Fisch
gebieterisch
grafisch
händisch
hebräisch
höfisch
indisch
irdisch
jüdisch
ketzerisch
kindisch

kriegerisch
künstlerisch
lügnerisch
magisch
malerisch
melodisch
mittelständisch
modisch
mörderisch
neidisch
nordisch
nostalgisch
prahlerisch
räuberisch
schwedisch
spezifisch
strategisch
südländisch
Tisch
tragisch
träumerisch
trügerisch
verführerisch
verräterisch
verschwenderisch
wählerisch

ischen

abwischen
auftischen
aufwischen
dazwischen
einmischen
erfrischen
fischen
mischen
tischen
Tischen (den)
wischen
zischen
zwischen

ismus

Aktionismus
Aktivismus
Dualismus
Egoismus
Extremismus
Fanatismus
Faschismus
Feminismus
Humanismus
Idealismus
Journalismus
Kapitalismus
Magnetismus
Mechanismus
Naturalismus
Optimismus
Organismus
Perfektionismus
Pessimismus
Pluralismus
Rassismus
Realismus
Sozialismus
Tourismus

isse

gewisse (eine)
Hindernisse (die)
hisse (ich)
Hornisse
Kulisse
Melisse
Narzisse
Prämisse
Ungewisse (ins)
vermisse (ich)

issen

abgerissen
Ärgernissen (den)
beflissen
Bissen
bissen (sie)
gebissen
gerissen
geschmissen
Gewissen
hingerissen
hissen
Hornissen (die)
Kissen
missen
mitwissen
Narzissen (die)
rissen (sie)
schmissen (sie)
umrissen
Unwissen
verbissen
vermissen
verrissen
verschlissen
Wissen
wissen
zerbissen
zerrissen (sie)

ist

Aktionist
Alchimist
Alpinist
Anarchist
Artist
Avantgardist
Bassist
Batist
bist (du)
Buddhist
Cellist
Drogist
Egoist
Feminist
Finalist
frisst (er)
Frist
Galerist
Haarstylist
Hedonist
Hinterlist
Idealist
Internist
isst (er)
ist (er)
Journalist
Kapitalist
Kolumnist
Komponist
Liberalist

List
misst (er)
Mist
Pianist
Polizist
Publizist
Realist
Rist
Solist
Sozialist
Stylist
Tourist
trist
Twist
vergisst (er)
vermisst (er)
Visagist
wisst (ihr)
Zivilist

iste

Balliste
Checkliste
Kiste
Liste
Piste

isten

ausmisten
Christen (die)
einnisten
Listen (die)
misten (sie)
nisten
Pisten (die)
twisten
überlisten
Vermissten (die)

ister

Geknister
Geschwister
Kanister
Magister
Minister
Mister
Philister
Register
sinister
trister (ein)
vermisster (ein)

istik

Alpinistik
Belletristik
Charakteristik
Journalistik
Statistik
Stilistik
Touristik

istisch

aktivistisch
alpinistisch
anarchistisch
artistisch
atheistisch
avantgardistisch
buddhistisch
charakteristisch
dualistisch
egoistisch
extremistisch
feministisch
föderalistisch
fundamentalistisch
futuristisch
humanistisch
idealistisch
impressionistisch
individualistisch
journalistisch
juristisch
kapitalistisch
kommunistisch
kriminalistisch
nationalistisch
optimistisch
realistisch
statistisch

itt

Abtritt
Antritt
Auftritt
Austritt
Beitritt
bitt (ich)
damit
dritt (zu)
Eintritt
fit
glitt (er)
hiermit
Kitt
litt (ich)
Monolith
quitt
ritt (ich)
Ritt
Rücktritt
schnitt (ich)
Schnitt
schritt (ich)
Schritt
somit
Splitt
Sprit
stritt (ich)
Transit
Tritt
tritt (ich)
womit
Zuschnitt
Zutritt

ittchen

Kittchen
Schlafittchen
Schneewittchen
Schnittchen
Schrittchen
Trittchen

itte

Bitte
Dritte
Fritte
Fürbitte
glitte (ich)
kitte (ich)
Mitte
Quitte
Ritte (die)
Schnitte

Schritte (die)
Sitte
Unsitte
Visite

ittel
Drittel
Gegenmittel
Kapitel
Kittel
Knittel
Lebensmittel
Mittel
Spittel
Titel
vermittel (ich)
Zaubermittel

itten
beschnitten (sie)
beschritten (sie)
bestritten (sie)
bitten
erbitten
gelitten
geritten
geschnitten
gestritten
glitten (sie)
hereinbitten
hineinbitten
inmitten
kitten
litten (sie)
mitten
ritten (sie)
Schlitten
schnitten (sie)
Schritten (den)
schritten (sie)
Sitten (die)
stritten (sie)
Tritten (den)
umstritten
unbestritten
verbitten
zerschnitten (sie)

itter
Babysitter
bitter
Dritter
Flitter
Geknitter
Gewitter
Gezitter
Gitter
halbbitter
Hochzeitsbitter
Magenbitter
Ritter
Schnitter
Sitter
Splitter
Zither

ittern
erbittern
gewittern
Gittern (hinter)
knittern
Rittern (den)
schlittern
splittern
verbittern
vergittern
verwittern
wittern
zerknittern
zersplittern
zittern

itterung
Erbitterung
Vergitterung
Verwitterung
Witterung
Zersplitterung

itz
Amtssitz
Beisitz
besitz (ich)
Besitz
Blitz
Flitz
Fritz
Gedankenblitz
Geistesblitz
Geschäftssitz
Grundbesitz
Kitz
Lakritz
Landsitz
Moritz
Mumpitz
Notsitz
Polstersitz
Ritz
Schlitz
sitz (ich)
Sitz
spitz
Spitz
stibitz (ich)
Witz

itze
Affenhitze
Berberitze
Blitze (die)
Gefitze
Haubitze
Hitze
Kitze (die)
Lakritze
Litze
Ritze
Schmitze
schwitze (ich)
sitze (ich)
spitze (ich)
Spitze
Spritze
Witze (die)
Zitze
Zugspitze

itzel
Gekritzel
Gewitzel
kitzel (ich)
Kitzel
kritzel (ich)

Ritzel
Schnitzel
Spitzel

itzeln
bespitzeln
kitzeln
kritzeln
Schnitzeln (den)
schnitzeln
Spitzeln (den)
witzeln

itzen
besitzen
bespritzen
blitzen
dasitzen
erhitzen
festsitzen
flitzen
nachsitzen
Ritzen (die)
ritzen
schlitzen
schnitzen
schwitzen
Sitzen (den)
sitzen
Skizzen (die)
stibitzen
stillsitzen
überspitzen
verfitzen
zuspitzen

itzt
abgeblitzt
erhitzt
flitzt (er)
geblitzt
geritzt
geschnitzt
gespitzt
gewitzt
überhitzt
überspitzt
verschmitzt
verschwitzt
zugespitzt

īz
Benefiz
Hospiz
Indiz
Justiz
Miez
Miliz
Notiz

īze
Hospize
Komplize
Mieze
Novize
Vize

O
ō

A und O
Abo
Agio
Albino
anderswo
Apollo
Avocado
Bambino
Banjo
Bimbo
Bingo
Bonmot
Cabrio
Cappuccino
Cargo
Cello
Cembalo
Chapeau
Château
Colorado
Credo
Demo
Deo
Depot
Diabolo
Disco
Dorado
droh (ich)
Dynamo
ebenso
Echo
Ego
Eldorado
Embargo
ergo
Eskimo
Fango
Fiasko
Flamenco
Flamingo
Floh
floh (ich)
Fresko
froh
Gaucho
Gigolo
Ginkgo
Hallo
Homo
irgendwo
Judo
Karacho
Kasko
Kilo
Kino
Klo
Kroko
Lido
Limo
logo
Macho
Mambo
Mango
Manko
Memo
Mexiko
Mikado
nirgendwo
Niveau
Oregano
Patio
Pharao
Piano
Piccolo

picobello
Pinocchio
Placebo
Plateau
Po
Polio
Polo
Poncho
Portfolio
pro
Radio
Risiko
Rodeo
Rokoko
Rollo
Rouleau
Sakko
Saldo
Schoko
Silo
so
Solo
sowieso
Steno
Stereo
Stroh
Studio
Tabasco
Tableau
Tacho
Tango
Tao
Tornado
Torpedo
Trafo
Trikot
Trio
Turbo
Ufo
Velo
Video
wieso
wo
Zoo
zwo

ōb (ōp)

Kaleidoskop
lob (ich)
Lob
Mikroskop
Periskop
schob (ich)
Stereoskop
Stethoskop
Teleskop

obe

Garderobe
Getobe
Lobe (zum)
Mikrobe
probe (ich)
Probe
Robe
tobe (ich)

obel

Hobel
nobel
Tobel
Zobel

oben

droben
erhoben (sie)
gehoben
geloben
Groben (im)
hoben (sie)
loben
oben
proben
schoben (sie)
stoben (sie)
toben
umwoben
verloben
verschoben
verwoben
zerstoben (sie)

ober

erober (ich)
Kober
Ober
Oktober
Schober
Zinnober
Zober

och

dennoch
doch
jedoch
Joch
Koch
kroch (ich)
Loch
Mittwoch
Moloch
noch
poch (ich)
roch (ich)

oche

Epoche
Gepoche
Joche (im)
koche (ich)
Loche (im)
Woche

ochen

besprochen
einlochen
Epochen (die)
erbrochen
gebrochen
gesprochen
gestochen
jochen
Knochen
kochen
lochen
malochen
pochen
Rochen
ungebrochen
ununterbrochen
verkrochen
versprochen
Wochen (die)

ochten
kochten (sie)
mochten (sie)
pochten (sie)
vermochten (sie)

ock
barock
Barock
Block
Bock
Dock
Gelock
hock (ich)
Lok
Pflock
Rock
Schock
Stock

ocke
Artischocke
Berlocke
Docke
Flocke
Glocke
Hocke
Locke
locke (ich)
Nocke
Pocke
Socke

ocken
blocken
bocken
brocken
Brocken
docken
erschrocken
flocken
frohlocken
hocken
locken
Locken (die)
Nocken (die)
Pocken (die)
rocken
Rocken
schocken
Socken (die)
stocken
trocken
unerschrocken
verlocken
zocken

ocker
Hocker
locker
Ocker

ockt
aufgebockt
aufgedockt
aufgestockt
eingebrockt
frohlockt (er)
gelockt
verbockt
verlockt (er)
verstockt

ode
Anode
Antipode
Diode
Elektrode
Episode
Kathode
Kommode
marode
Methode
Mode
Ode
Pagode
Periode
Synode

odeln
brodeln
jodeln
rodeln
ummodeln

oden
Boden
Hoden
Loden
roden
Episoden (die)
maroden (die)

odisch
melodisch
methodisch
modisch

ö
adieu
Bö
Flöh' (die)
Höh' (die)
Milieu
Monsieur
Queue

öbel
Möbel
Pöbel

öde
blöde
Einöde
öde
schnöde
spröde
verblöde (ich)
veröde (ich)

ölen
aushöhlen
grölen
Höhlen (die)
nölen
Ölen (den)
ölen

ön
Föhn
Gedröhn
Geklön
Gestöhn
Getön
obszön
schön
wunderschön

öne
Dorfschöne (die)
Flötentöne (die)
Gedröhne
Geklöne
Getöne
kröne (ich)
Schöne (die)
Söhne (die)
Töne (die)

önen
angewöhnen
dröhnen
entwöhnen
erdröhnen
ertönen
föhnen
frönen
höhnen
klönen
krönen
Schönen (die)
Söhnen (den)
stöhnen
Tönen (den)
tönen
übertönen
verpönen
verschönen
verwöhnen

önig
eintönig
König
misstönig

önlich
gewöhnlich
persönlich
ungewöhnlich
unpersönlich
unversöhnlich
versöhnlich

önt
frönt (er)
gekrönt
gewöhnt
preisgekrönt
stöhnt (er)
verpönt
versöhnt
verwöhnt

önung
Entwöhnung
Gewöhnung
Krönung
Löhnung
Tönung
Verhöhnung
Versöhnung

öpfe
Geschöpfe (die)
Knöpfe (die)
Köpfe (die)
Kröpfe (die)
Schöpfe (die)
Töpfe (die)
Zöpfe (die)

öpfen
abknöpfen
erschöpfen
Geschöpfen (den)
knöpfen
köpfen
Köpfen (den)
schöpfen

ör
Amateur
Animateur
Chauffeur
Deserteur
Dompteur
Frisör
Gehör
Gör
Gouverneur
hör (ich)
Ingenieur
Konstrukteur
Kontrolleur
Likör
Malheur
Monteur
Nadelöhr
Öhr
Redakteur
Restaurateur
schwör (ich)
Spediteur
Stör
Verhör
Zubehör

öre
betöre (ich)
Chöre (die)
Föhre
Friseure (die)
Göre (die)
Liköre (die)
Möhre
Röhre
störe (ich)
Tenöre (die)

ören
angehören
anhören
aufhören
beschwören
betören
empören
erhören
gehören
Gören (die)
hören
Redakteuren (den)
Regisseuren (den)
röhren
schwören
stören
Tenören (den)
überhören
verhören
verlören (sie)
zerstören
zuhören

örer
Beschwörer
Empörer
Hörer
Ruhestörer
Verschwörer
Zerstörer

örner
Dörner
Hörner (die)
Körner (die)

ört
empört
erhört (er)
gestört
röhrt (er)
unerhört
ungestört
verstört
zerstört

örtchen
Örtchen
Pförtchen
Törtchen
Wörtchen

örung
Beschwörung
Betörung
Empörung
Erhörung
Störung
Verschwörung
Zerstörung

ös
amourös
bös
Erlös
generös
glamourös
kapriziös
luxuriös
muskulös
nervös
ominös
pompös
religiös
seriös
unseriös
voluminös

öse
Böse (das)
böse
döse (ich)
Erlöse (die)
Frisöse
Getöse
löse (ich)
Öse
Pompöse (das)
Souffleuse

öße
Blöße
entblöße (ich)
flöße (ich)
Größe
Klöße (die)
Seelengröße
Stöße (die)

ösen
ablösen
Bösen (die)
dösen
einlösen
erlösen
lösen
nervösen (die)
Ösen (die)
seriösen (die)

östen
dösten (sie)
entblößten (sie)
Erlösten (die)
flößten (sie)
größten (die)
lösten (sie)
trösten
vertrösten

öt
blöd
erhöht
öd
schnöd
spröd

öte
Abendröte
böte (ich)
erröte (ich)
Flöte
Kröte
Morgenröte
Nöte (die)
Röte

öten
böten (sie)
erhöhten (sie)
erröten
Flöten (die)
flöten
löten
Nöten (den)
töten
vonnöten

ötlich
nötlich
rötlich
tödlich

öwe
Löwe
Möwe

of
Apostroph
doof
Hof
Philosoph

ofe
doofe (der)
Ganove
Katastrophe
schwofe (ich)
Strophe
Zofe

ofen
Alkoven
doofen (die)
Katastrophen (die)
Ofen
Philosophen (die)
schwofen
Zofen (die)

off
Sauerstoff
schroff
Stoff
hoff (ich)
soff (ich)

offel
Kartoffel
Pantoffel
Stoffel
Toffel

offen
besoffen
betroffen
erhoffen
getroffen
hoffen
offen
Schroffen
übertroffen

ōg
analog
bog (ich)
Dialog
Epilog
flog (ich)
Katalog
log (ich)
Monolog
Prolog
sog (ich)
Sog
Trog
wog (ich)
zog (ich)

ŏg
Bulldog
Clog
Grog
Herzog
Hotdog
Smog

oge
Ägyptologe
Archäologe
Astrologe
Biologe
Dermatologe
Dialoge (die)
Droge
Geologe
Kataloge (die)
Pädagoge
Psychologe
Soge (im)
Soziologe
Synagoge
Theologe
Woge
Zoologe

ogen
belogen
betrogen
bewogen (sie)
bezogen (sie)
Bogen
bogen (sie)
Dialogen (den)
Ellenbogen
erzogen (sie)
flogen (sie)
gebogen
geflogen
gelogen
logen (sie)
Prologen (den)
sogen (sie)
trogen (sie)
überzogen (sie)
ungelogen
ungezogen
verbogen
verlogen
verzogen
verzogen (sie)
Wogen (die)
wogen (sie)

ogisch
ägyptologisch
archäologisch
astrologisch
biologisch
chronologisch
logisch
ökologisch
pädagogisch
soziologisch
technologisch
unlogisch
zoologisch

okus
Fokus
Hokuspokus
Jokus
Krokus
Lokus

ol
Alkohol
Benzol
frivol
hohl
Idol
jawohl
Kapitol
Kohl
Menthol
Monopol
obwohl
Petrol
Pirol
Pol
Sol
sowohl
Symbol
Tirol
Wohl

olch
Dolch
Molch
solch
Strolch

olde
besolde (ich)
Dolde
Golde
Holde
vergolde (ich)

ole
Aureole
Banderole
Barkarole
Bohle
Bowle
Gladiole
hole (ich)
Idole (die)
Kapriole
Karambole
Konsole
Kreole
Metropole
Mole
Parole
Pistole
Pole
Wohle (zum)

olen
abholen
aufholen
ausholen
erholen
fohlen
Fohlen
gestohlen
hohlen (die)
holen
Kohlen (die)
kohlen
Monopolen (den)
Pistolen (die)
polen
Polen
sohlen
überholen
unverhohlen
verkohlen
versohlen
verstohlen
wiederholen
zurückholen

olf
Golf
Wolf

olisch
alkoholisch
apostolisch
diabolisch
katholisch
kreolisch
mongolisch
symbolisch

olke
Molke
Wolke
Volke (dem)

oll
Apoll
Atoll
ausdrucksvoll
aussichtsvoll
bedeutungsvoll
doll
drangvoll
effektvoll
ehrfurchtsvoll
eindrucksvoll
ereignisvoll
erwartungsvoll
freudvoll
friedvoll
gedankenvoll
gefahrvoll
gefühlvoll
gehaltvoll
geheimnisvoll
geistvoll
gemütvoll
genussvoll
geräuschvoll
geschmackvoll
glanzvoll
Groll
halbvoll
Hand voll
hingebungsvoll
hochachtungsvoll
hoffnungsvoll
humorvoll
jawoll
klangvoll
knallvoll
kraftvoll
kunstvoll
liebevoll
lustvoll
machtvoll
maßvoll
Moll
mühevoll
neidvoll
niveauvoll
prachtvoll
prallvoll
Protokoll
prunkvoll
qualvoll
quoll (es)
randvoll
reizvoll
respektvoll
rücksichtsvoll
schmuckvoll
schuldvoll
schwungvoll
sinnvoll
soll (ich)
Soll
stilvoll
stimmungsvoll
taktvoll
toll
Troll

unschuldsvoll
verantwortungsvoll
verhängnisvoll
verständnisvoll
voll
vorwurfsvoll
wertvoll
würdevoll
Zoll

olle
Bolle
Dolle
Gerolle
Holle
Jolle
Knolle
Kontrolle
Molle
Rolle
rolle (ich)
schmolle (ich)
Scholle
Stolle
Tolle
Trolle (die)
Wolle

ollen
einrollen
grollen
Knollen
Mollen (die)
Pollen (die)
rollen
schmollen
Schollen (die)
sollen
Stollen
tollen
trollen
wollen
zollen

olt
Colt
gerollt
gesollt
gewollt
Gold
grollt (er)
hold
Sold
Trunkenbold
ungewollt
verzollt
Volt
wollt' (ihr)

olz
Bolz
Holz
schmolz
Stolz
stolz

om
Agronom
Anatom
Astronom
Atom
autonom
Axiom
Brom
Chrom
Diplom
Dom
Ergonom
Genom
Gnom
Hippodrom
Idiom
Ökonom
Ohm
Phantom
Rom
Strom
Symptom
Syndrom

omisch
anatomisch
astronomisch
gastronomisch
komisch
ökonomisch

omm
Absalom
bekomm (ich)
Bonhomme
fromm
glomm (ich)
klomm (ich)
komm (!)
Slalom
vom
Willkomm

ommen
Abkommen
ankommen
bekommen
benommen
davonkommen
drankommen
durchkommen
Einkommen
entkommen
entnommen
Fortkommen
freikommen
frommen
gekommen
genommen
geschwommen
heimkommen
herkommen
hinkommen
hochkommen
klarkommen
kommen
mitgenommen
mitkommen
übernommen
verkommen
vernommen
verschwommen
vollkommen
vorankommen
vorbeikommen
Vorkommen
vorkommen
Willkommen
willkommen

ōn

Absolution
Adoption
Aggression
Aktion
Ambition
Attraktion
Auktion
Balkon
Baron
Bataillon
belohn (ich)
Billion
Dekoration
Demonstration
Depression
Deputation
Desertion
Desillusion
Destillation
Diakon
Dimension
Direktion
Diskretion
Diskussion
Disposition
Emanzipation
Emigration
Exekution
Exkursion
Expedition
Explosion
Fabrikation
Fraktion
Fron
Funktion
Garnison
Generation
Grammophon
Gratulation
Halluzination
Hohn
Hormon
Illumination
Illusion
Illustration
Imitation
Inkarnation
Inquisition
Inspektion
Inspiration
Institution
Instruktion
Intension
Interpretation
Invasion
Kalkulation
Kanton
Karton
Kaution
Kokon
Konfirmation
Konstruktion
Konzentration
Korruption
Lampion
Legion
Legitimation
Lektion
Lohn
Manifestation
Mikrophon
Million
Mission
Modulation
Mohn
monoton
Munition
Nation
Navigation
Obduktion
Operation
Opposition
Organisation
Ovation
Ozon
Passion
Patron
Pension
Person
Petition
polyphon
Portion
Position
Präparation
Produktion
Projektion
Proklamation
Proportion
Provision
Provokation
Prozession
Publikation
Ration
Reaktion
Rebellion
Redaktion
Region
Religion
Remission
Repetition
Resignation
Restauration
Revision
Revolution
Rezension
Rotation
Salon
Sanktion
Saxophon
schadenfroh'n (die)
schon
Schwadron
Sensation
Situation
Skorpion
Sohn
Spedition
Spion
Station
Subskription
synchron
Synchronisation
Telefon
Television
Thron
Ton
Tradition
Union
Variation
Vegetation
Version
Vision
Visitation

wohn (ich)
Xylophon
Zivilisation
Zyklon

ŏn
Akkordeon
Babylon
Bariton
Chamäleon
davon
hiervon
Lexikon
Pantheon
sonn (ich)
Sonn' (die)
Stadion
wovon

on (ong)
Balkon
Ballon
Beton
Bon
Bonbon
Bouillon
Champignon
Chanson
Chiffon
Coupon
Croûton
Fasson
Feuilleton
Garçon
Jargon
Kompagnon
Liaison
Medaillon
Pardon
Pavillon
Perron
Räson
Saison
Tampon

one
Amazone
Anemone
Äone
Bohne
Cicerone
Drohne
Epigone
Gallone
Ikone
Kanone
Kommilitone
Krone
Limone
Makrone
Marone
Matrone
Melone
Minestrone
Mormone
None
Panettone
Pantalone
Patrone
Pylone
Rhone
Schablone
Teutone
Tone
Zabaione
Zitrone
Zone
zweifelsohne

onen
belohnen
betonen
bewohnen
Elektronen (die)
entlohnen
entthronen
fronen
klonen
lohnen
Millionen (die)
Regionen (die)
schonen
Spionen (den)
thronen
tonen
verschonen
vertonen
wohnen

onisch
architektonisch
chronisch
dämonisch
elektronisch
harmonisch
ironisch
kanonisch
konisch
lakonisch
phonisch
platonisch
sinfonisch
synchronisch
telefonisch
teutonisch
tonisch
unharmonisch

onne
Bonne
Kolonne
Mülltonne
Nonne
Sonne
sonne (ich)
Tonne
Wonne

onnen
begonnen
besonnen
geronnen
gesponnen
gewonnen
Kolonnen (die)
Sonnen (die)
sonnen
versponnen
Wonnen (die)
zerronnen

ōnt
betont
bewohnt
entlohnt
gewohnt
lohnt (es)
Mond
thront (er)
verschont
verwohnt
Wintermond
Wonnemond

ŏnt
besonnt
blond
Diskont
Front
gekonnt
Horizont

onung
Belohnung
Betonung
Entlohnung
Entthronung
Schonung
Tonung
Vertonung
Wohnung

ope
Antilope
Horoskope (die)
Mikroskope (die)
Pope
Synkope
Trope

opf
Bubikopf
Dickkopf
Doppelkopf
Druckknopf
Dummkopf
Eintopf
Farbtopf
Geklopf
Glatzkopf
Haarschopf
Hitzkopf
klopf (ich)
Knopf
Kochtopf
Kohlkopf
Kopf
Kropf
Pfropf
Schopf
stopf (ich)
Topf
Tropf
Wiedehopf
Zopf

opfen
Hopfen
klopfen
pfropfen
Pfropfen
stopfen
tropfen
Tropfen

opp
Bob
darob
drob
Galopp
grob
hopp
Job
Mob
Mop
ob
salopp
Snob
stopp
Top

oppe
Galoppe
Joppe
Kloppe
Koppe
Noppe
Saloppe

oppel
Doppel
Gehoppel
Gestoppel
koppel (ich)
Koppel
Moppel
Stoppel
verdoppel (ich)

oppeln
hoppeln
Koppeln (die)
koppeln
Stoppeln (die)
stoppeln
verdoppeln

oppen
floppen
foppen
hoppen
kloppen
moppen
Noppen (die)
Schoppen
shoppen
stoppen
toppen
verkloppen
Wonneproppen

or
Administrator
Akkumulator
Alligator
Amor
Äquator
bevor
Chlor
Chor
Dekor
Diktator
Ecuador
Editor
empor

Emulgator
erkor (ich)
Faktor
Flor
fror (ich)
Generator
Gladiator
hervor
Horror
Humor
Illustrator
Junior
Katalysator
Kommentator
Kompressor
Kondensator
Konditor
Korridor
Labor
Major
Marmor
Matador
Meteor
Moderator
Monitor
Moor
Navigator
Phosphor
Präsentator
Professor
Reaktor
Revisor
Senior
Styropor
Tabulator
Tenor
Terror
Tresor
Ventilator
vor
zuvor

orden

ermorden
geworden
morden
Norden
Orden
Rekorden (den)

ore

Amphore
bohre (ich)
Empore
Folklore
Furore
Lore
Monsignore
Pore
schmore (ich)
Signore
Spore
Store
Trikolore

oren

Aggressoren (die)
angeboren
auserkoren
Autoren (die)
Azoren
beschworen
bohren
Diktatoren (die)
Direktoren (die)
Doktoren (die)
eingeboren
eingefroren
Emporen (die)
erfroren
Faktoren (die)
Foren (die)
froren (sie)
geboren
gefroren
gegoren
geschoren
Gladiatoren (die)
Mohren (die)
Motoren (die)
neugeboren
Professoren (die)
rumoren
schmoren
schworen (sie)
Sporen (die)
tiefgefroren
Toren (vor den)
Traktoren (die)
unverfroren
verfroren
verloren

orf

Dorf
Schorf
Torf

orgen

besorgen
borgen
geborgen
morgen
Morgen
Sorgen (die)
sorgen
verborgen
versorgen

orisch

allegorisch
diktatorisch
euphorisch
historisch
illusorisch
kategorisch
motorisch
notorisch
obligatorisch
provisorisch
rhetorisch

orke

Borke
entkorke (ich)
Forke
Korke (die)
Lorke

orm

abnorm
enorm
Form
konform
Norm

Reform
Uniform

orn

Ahorn
Ansporn
Born
Dorn
Eichhorn
Einhorn
Füllhorn
Horn
Korn
marmorn
Nashorn
Popcorn
Posthorn
Saatkorn
Sporn
vorn
Zorn

ornig

dornig
hornig
zornig

orren

Knorren
schnorren
verdorren
verworren

orsch

Dorsch
forsch
morsch

orschen

durchforschen
erforschen
forschen
morschen
vermorschen

ŏrst

Forst
Horst
schnorrst (du)
verdorrst (du)

ōrt

geschmort
rumort (er)
umflort
verbohrt

ŏrt

Airport
Antwort
Bord
dort
Export
Fjord
fort
Fort
Grußwort
Hauptwort
Hort
Import
Komfort
Kurort
Lord
Mord
Ort
Port
Rapport
Report
Ressort
sofort
Sport
Standort
Support
Tatort
Transport
verdorrt
Vorort
Vorwort
Wohnort
Wort
Zielort

orte

Borte
Eskorte
Konsorte
Orte (die)
Pforte
Retorte
schnorrte (er)
Sorte
Torte
Worte (die)

orten

allerorten
antworten
beantworten
horten
Orten (den)
orten
schnorrten (sie)
Sorten (die)
Torten (die)
verantworten
verdorrten (die)

ōs

achtlos
apropos
arbeitslos
arglos
atemlos
ausdruckslos
aussichtslos
ausweglos
bargeldlos
bedenkenlos
bedeutungslos
bedingungslos
bedürfnislos
beispiellos
belanglos
besinnungslos
besitzlos
bewusstlos
bloß
brotlos
burschikos
Calvados
chancenlos
charakterlos
drahtlos
drauflos
dubios
einfallslos
endlos

erfolglos
fantasielos
farblos
fassungslos
fehlerlos
Floß
freudlos
fristlos
furchtlos
gedankenlos
gefahrlos
gefühllos
geschmacklos
gewissenlos
gnadenlos
grandios
groß
grundlos
haltlos
harmlos
hemmungslos
herzlos
hilflos
kernlos
kinderlos
Kloß
Kosmos
kostenlos
kraftlos
kurios
lautlos
leblos
lustlos
machtlos
makellos
maßlos
Moos
nutzlos
obdachlos
planlos
problemlos
rastlos
ratlos
rigoros
ruhelos
schlaflos
schmerzlos
schnurlos
Schoß
sinnlos
sorglos
sprachlos
spurlos
Stoß
tadellos
taktlos
treulos
Verstoß
wahllos
wertlos
wortlos
wunschlos

ŏs

Albatros
beschloss (ich)
Boss
Dachgeschoss
Erdgeschoss
Geschoss
goss (ich)
Gros
Koloss
Kross
Obergeschoss
Rhinozeros
Schloss
Spross
Tross

oschen

abgedroschen
Broschen (die)
droschen (sie)
erloschen
Goschen
Groschen
Notgroschen
verdroschen (sie)
verloschen (sie)

ose

Aprikose
Diagnose
Dose
Franzose
Gekose
Getose
Hose
Hypnose
liebkose (ich)
lose
Lose (die)
Matrose
Metamorphose
Mimose
Narkose
Neurose
Osmose
Pose
Prognose
Psychose
Rose
Schose
Spirituose
Symbiose
Unterhose
verlose (ich)
Virtuose
Viskose

oße

große (der)
Schoße (im)
Soße
stoße (ich)

osen

Almosen
Dosen (die)
Dubiosen (die)
erbosen (sich)
Franzosen (die)
kosen
liebkosen
losen
Namenlosen (die)
posen
Posen (die)
Pretiosen (die)
Spirituosen (die)

tosen
verlosen

osse

Bosse (die)
Flosse
Genosse
Glosse
Gosse
Karosse
Kolosse (die)
Posse
Rosse
Sommersprosse
Sprosse
Trosse

ossen

aufgeschlossen
ausgeschlossen
begossen
beschlossen (sie)
Bossen (den)
entschlossen
erschlossen (sie)
erschossen (sie)
flossen (sie)
geflossen
gegossen
genossen
Genossen (die)
geschlossen
Possen (die)
schlossen (sie)
schossen (sie)
Sprossen (die)
umschlossen
unentschlossen
unverdrossen
verdrossen (sie)
verflossen
verschlossen
zerflossen
zerschossen

ōst

ausgelost
erbost
getrost
prost
Toast
Trost
verlost
verwahrlost

ŏst

Beikost
Fernost
Frost
Kompost
Kost
Luftpost
Most
Nahost
Post
Rost

ōsten

bemoosten
getrosten (die)
losten (sie)
prosten
toasten

ŏsten

frosten
kosten
Kosten (die)
Osten
Pfosten
Posten
rosten
Unkosten
verrosten
Wachposten

ot

Angebot
Aufgebot
bedroht
Bonmot
Boot
Brot
Chaot
Depot
Despot
devot
droht (er)
Echolot
Exot
Gebot
Idiot
Jabot
Jackpot
Jod
Kot
Lot
marod
Not
Patriot
Pilot
Plot
rot
Schlot
Schrot
Spot
Tod
tot
Trikot
Verbot

ote

Anekdote
Bote
Exote
Kojote
Note
Pfote
Quote
Schote
Tote
Vorbote
Zote

oten

angeboten
anknoten
ausbooten
ausloten
benoten
boten (sie)
dargeboten
geboten
knoten
Knoten
loten

Noten
Piloten (die)
promoten
Quoten (die)
Schloten (die)
schroten
verboten
zoten

otisch
anekdotisch
chaotisch
erotisch
exotisch
hypnotisch
idiotisch
neurotisch

ott
bankrott
Bankrott
Boykott
Fagott
Falott
flott
Foxtrott
Gott
Komplott
Kompott
Pott
Schafott
Schrott
Spott
Trott

otte
Flotte
Grotte
Karotte
Klamotte
Marotte
Motte
Schalotte
Schotte
Sprotte
trotte (ich)
Zotte

ottel
Gezottel
Trottel
Zottel

otten
abschotten
ausrotten
einmotten
Flotten (die)
gesotten
Grotten (die)
hotten
Klamotten (die)
motten
rotten
Schotten (die)
spotten
trotten
verrotten
verspotten

otter
Dotter
Geschlotter
Globetrotter
Otter
Plotter
Schotter

ottet
ausgerottet
eingemottet
spottet (er)
trottet (er)
vermottet
verrottet
verschrottet

otto
Hotto
Lotto
Motto
Risotto

otz
Klotz
Protz
Rotz
Trotz
trotz

otzen
glotzen
kotzen
motzen
protzen
ranklotzen
schmarotzen
strotzen
trotzen

ouille
Bredouille
Patrouille
Ratatouille

out
Black-out
Burn-out
Chill-out
Knock-out
Layout
Scout
Time-out

ox
Box
Gebox
Ochs
orthodox
Paradox
paradox
Phlox

U

u
Bijou
Clou
Coup
Dessous
du
Filou
Gnu
herzu
hinzu
huhu
immerzu
Interview

Kakadu
Känguru
Kanu
Kuh
Marabu
muh
nanu
Nu
partout
Passepartout
Ragout
Rendezvous
Schuh
tabu
zu

ub
Bub
Cherub
Hub
Schub
grub (ich)

ube
Bube
Grube
Stube
Tube

ubel
Gejubel
Jubel
Rubel
Trubel

uben
Buben (die)
gruben (sie)
Stuben (die)

ūch
besuch (ich)
Besuch
Buch
fluch (ich)
Fluch
Gesuch
Halstuch
Liederbuch
Tagebuch
Tuch
Versuch
Wörterbuch

ŭch
Bruch
Geruch
Spruch
Widerspruch

uche
buche (ich)
Buche
Gefluche
Suche
verfluche (ich)
Versuche (die)

uchen
besuchen
Buchen (die)
buchen
ersuchen
Ersuchen
fluchen
Gesuchen (den)
Kuchen
suchen
untersuchen
verfluchen
versuchen

ucher
Besucher
Sucher
Versucher
Wucher

uchs (ux)
Buchs
flugs
Fuchs
Gedrucks
Geglucks
Jux
Luchs
Mucks
Wuchs

uchse (uxe)
Buchse
druckse (ich)
Fuchse
Gedruckse
Gegluckse
Luchse

ūcht
bucht (er)
sucht (er)
untersucht (er)
verbucht
verflucht
verrucht

ŭcht
Bucht
Eifersucht
Flucht
Frucht
Schlucht
Sucht
Wucht
Zucht

ūchten
besuchten (sie)
buchten (sie)
Verfluchten (die)
Verruchten (die)

ŭchten
ausbuchten
befruchten
Buchten (die)
fruchten
Juchten
wuchten

uchung
Buchung
Untersuchung
Verfluchung
Versuchung

uck
guck (ich)
hau ruck

Mameluck
Puck
Ruck
Schluck
schmuck
Schmuck
spuck (ich)

ucke
ducke (ich)
Glucke
Hucke
meschugge
Mucke
Schlucke
Schnucke
Spucke
zucke (ich)

uckel
Buckel
Geruckel
Geschuckel
Gezuckel
Huckel
Nuckel

uckeln
aufbuckeln
aufhuckeln
katzbuckeln
nuckeln
ruckeln
schuckeln
zuckeln

ucken
aufmucken
drucken
ducken
glucken
Glucken (die)
gucken
hucken
jucken
mucken
Mucken (die)
rucken
Schlucken
schlucken
Schlucken (den)
schmucken (die)
spucken
verschlucken
zucken
zusammenzucken

ucker
Drucker
Gucker
Mucker
Schlucker
Zucker

uckt
Aquädukt
gedruckt
geduckt
guckt (er)
juckt (er)
Produkt
vermuckt
verschluckt
Viadukt

uddeln
buddeln
schmuddeln
schnuddeln

udel
Gedudel
Gehudel
Gesudel
Nudel
Prudel
Pudel
Rudel
Sprudel
Strudel

udeln
besudeln
dudeln
hudeln
lobhudeln
nudeln
Nudeln (die)
Rudeln (in)
Sprudeln (den)
sprudeln
sudeln
trudeln

udelt
abgetrudelt
besudelt
dudelt (er)
gehudelt
genudelt
gesudelt
sudelt (er)
versprudelt

uder
Bruder
Geschluder
Luder
Puder
Ruder
Schindluder

ü
Atü
Avenue
Bellevue
bemüh (ich)
Debüt
früh
glüh (ich)
Menü
Müh' (die)
perdu
Revue

üb
trüb
Polyp
stereotyp
Typ

übe
Rübe
Schübe (die)
trübe (ich)
übe (ich)

übel
Dübel
Gegrübel
grübel (ich)
Kübel
Übel
übel

übeln
dübeln
grübeln
Kübeln (den)
Übeln (den)
verübeln

üben
betrüben
drüben
einüben
Rüben (die)
trüben
üben
verüben

über
darüber
gegenüber
herüber
hinüber
Nasenstüber
über
vornüber
vorüber

übung
Trübung
Übung

üche
Brüche (die)
Gerüche (die)
Küche
Sprüche (die)
Widersprüche (die)

üchte
flüchte (ich)
Früchte (die)
Gerüchte (die)
Gezüchte
Süchte (die)
züchte (ich)

üchtig
eifersüchtig
flüchtig
süchtig
tüchtig
züchtig

ück
Einzelstück
Glück
Liebesglück
Meisterstück
Mittelstück
Mutterglück
Stück
zurück

ücke
beglücke (ich)
Brücke
Glücke (dem)
Krücke
Lücke
Mücke
Perücke
Stücke (die)
Tücke
zerpflücke (ich)
zurücke

ücken
bedrücken
beglücken
berücken
bücken
drücken
entzücken
Entzücken
erdrücken
glücken
Lücken (die)
missglücken
pflücken
rücken
Rücken
schmücken
Tücken (die)
überbrücken
unterdrücken
verrücken
zerpflücken
zücken

ückend
bedrückend
beglückend
berückend
drückend
entzückend
erdrückend
schmückend

ückt
bedrückt
beglückt
eingedrückt
entzückt
gebückt
glückt (es)
pflückt (er)
verrückt
verzückt

ückung
Bedrückung
Beglückung
Entrückung
Schmückung
Überbrückung
Unterdrückung
Verzückung

üde
ermüde (ich)
müde
prüde
rüde
Rüde
Solitüde

üden
ermüden
Müden (die)
Rüden (die)
Süden

üffel
Büffel
Gebüffel
Geschnüffel
Rüffel
Süffel
Trüffel

üfte
Düfte (die)
Grüfte (die)
Hüfte
Klüfte (die)
Lüfte (die)
lüfte (ich)
verblüffte (ich)

üge
Bezüge (die)
Gefüge
genüge (ich)
Lüge
lüge (ich)
Rüge
schlüge (ich)
Züge (die)

ügel
Bügel
Flügel
Geflügel
Hügel
Prügel
Zügel

ügeln
ausklügeln
beflügeln
bügeln
Flügeln (mit den)
Hügeln (auf den)
klügeln
prügeln
überflügeln
verprügeln
zügeln

ügen
begnügen (sich)
beifügen
belügen
betrügen
einfügen
fügen
genügen
hinzufügen
lügen
Lügen (die)
pflügen
rügen
Rügen (die)
trügen (sie)
verfügen
vergnügen
Vergnügen
zufügen
Zügen (in vollen)

üglich
bezüglich
klüglich
untrüglich
unverzüglich
vergnüglich
vorzüglich

ühe
Brühe
frühe
Frühe
glühe (ich)
Kühe (die)
Mühe
sprühe (ich)

ühen
aufbrühen
Avenuen (die)
blühen
brühen
erblühen
erglühen
frühen (die)
glühen
Kühen (den)
Mühen (die)
Revuen (die)
sprühen
verblühen
verbrühen
verfrühen (sich)
verglühen
versprühen

ül
Brühl
Bühl
fühl (ich)
Gefühl
Gewühl
Kalkül
kühl (ich)
Mitgefühl
Molekül
schwül
Vestibül

üle
Gefühle (die)
Gewühle
Kanüle
kühle (ich)
Kühle
Mühle
Schwüle
spüle (ich)
Stühle (die)
wühle (ich)

ülen
aufwühlen
fühlen
Gefühlen (den)
kühlen
Mühlen (die)
schwülen (die)
spülen
Stühlen (den)
wühlen
zerwühlen

üler
Fühler
Kühler
Schüler
Spüler
Wühler

üllen
brüllen
erfüllen
Füllen (die)
füllen
Hüllen (die)
hüllen
Idyllen (die)
knüllen
nachfüllen
umfüllen
umhüllen
verhüllen

üll
brüll (ich)
füll (ich)
Gebrüll
Idyll
Müll
Tüll

ülle
enthülle (ich)
Fülle
Gebrülle
Hülle
Idylle
knülle (ich)
Tülle
zerknülle (ich)

üller
Brüller
Erfüller
Füller
Knüller
Müller

üllung
Enthüllung
Erfüllung
Füllung
Verhüllung

ült
abgekühlt
aufgewühlt
ausgespült
fühlt (er)
kühlt (er)
verkühlt
zerwühlt

üm
anonym
Kostüm
Parfüm
Pseudonym
Synonym
ungestüm
Ungetüm

ümen
rühmen
verblümen

ümer
Altertümer (die)
Eigentümer
Fürstentümer (die)
Heiligtümer (die)
Rühmer

ümmel
Getümmel
Kümmel
Lümmel

ümmert
bekümmert
verkümmert
zertrümmert

ümpfe
Rümpfe (die)
Sümpfe (die)
Strümpfe (die)
Stümpfe (die)
Trümpfe (die)

ümt
berühmt
geblümt
rühmt (er)
unverblümt

ün
blühn
glühn
grün
immergrün
kühn

ündchen
Bündchen
Fündchen
Hündchen
Mündchen
Stündchen

ünde
Gründe (die)
gründe (ich)
künde (ich)
Pfründe
Sünde

ünden
begründen
entzünden
ergründen
gründen
Gründen (den)
künden
münden
Sünden (die)
verbünden
verkünden
zünden

ündigen
entmündigen
kündigen
sündigen
verkündigen

ündlich
entzündlich
gründlich
mündlich
stündlich
unergründlich

ündung
Begründung
Entzündung
Ergründung

Gründung
Mündung
Verkündung
Zündung

üne
Bühne
Düne
Grüne (ins)
Hüne
Sühne
Tribüne

ünftig
künftig
vernünftig
zünftig

üpfen
hüpfen
knüpfen
lüpfen
schlüpfen
verknüpfen

ür
dafür
führ (ich)
für
Gebühr
Geschwür
hierfür
Kür
rühr (ich)
Tür
Ungebühr
wofür

ürde
Bürde
Hürde
Würde
würde (ich)

üre
Allüre
Bordüre
Broschüre
Geschwüre (die)
Gravüre
Konfitüre
Kuvertüre
Lektüre
Maniküre
Ouvertüre
Pediküre
Schnüre (die)
Schwüre (die)
Türe
Walküre

üren
abführen
anrühren
aufspüren
berühren
Broschüren (die)
einschnüren
entführen
fortführen
führen
Gebühren (die)
irreführen
küren
maniküren
pediküren
rühren
schnüren
schüren
spüren
umrühren
verrühren
verspüren

ürfen
bedürfen
dürfen
schlürfen
schürfen
würfen (sie)

ürgen
bürgen
Bürgen (die)
erwürgen
verbürgen
würgen

ürlich
ausführlich
figürlich
gebührlich
kreatürlich
natürlich
unnatürlich
unwillkürlich
willkürlich

ürme
stürme (ich)
Stürme (die)
türme (ich)
Türme (die)

ürste
bürste (ich)
Bürste
dürrste (der)
dürste (ich)
Würste (die)

ürsten
bürsten
dürrsten (die)
dürsten
Fürsten (die)
Bürsten (den)
Würsten (den)

ürt
aufgespürt
berührt
entführt
gerührt
schürt (er)
spürt (er)
überführt
verführt

ürung
Abschnürung
Aufspürung
Berührung
Einschnürung
Entführung
Führung
Irreführung

Rührung
Schnürung
Umschnürung
Unterführung
Verschnürung

ürze
Gewürze (die)
Kürze
Schürze
stürze (ich)
Stürze (die)
verkürze (ich)
Würze

ürzen
abkürzen
abstürzen
einstürzen
hinunterstürzen
kürzen
schürzen
stürzen
überstürzen
verkürzen
würzen

ürzung
Bestürzung
Kürzung
Überstürzung
Verkürzung

üse
Analyse
Drüse
Düse
Gemüse
Kombüse

üße
büße (ich)
Füße (die)
grüße (ich)
Grüße (die)
Süße (die)

üßen
begrüßen
büßen
einbüßen
Füßen (zu)
grüßen
süßen
verbüßen
versüßen

üsse
Flüsse (die)
Güsse (die)
küsse (ich)
Küsse (die)
müsse (er)
Nüsse (die)

üssel
Rüssel
Schlüssel
Schüssel

üssen
Flüssen (den)
Küssen (den)
küssen
müssen

ǖst
blühst (du)
büßt (du)
gesüßt
glühst (du)
grüßt (er)
verbüßt (er)
wüst

ü̆st
Gelüst
Gerüst
küsst (er)
ungeküsst
wüsst (ich)

ǖste
Büste
Wüste

ü̆ste
Brüste (die)
Gelüste (die)
Gerüste (die)
küsste (ich)
Küste
Lüste
müsste (ich)
Rüste
wüsste (ich)
Zyste

ǖsten
büßten
Büsten (die)
frühsten
süßten
verwüsten
Wüsten (die)
wüsten

ü̆sten
brüsten (sie)
entrüsten (sich)
Gelüsten (den)
küssten (sie)
Küsten (den)
müssten (sie)
rüsten
ungeküssten (die)
wüssten (sie)

üt
abgebrüht
blüht (es)
Debüt
Elektrolyt
erblüht
Geblüt
Gemüt
Gestüt
glüht (es)
müd
prüd
rüd
Süd
verblüht
verfrüht
verglüht

üte
behüte (ich)
blühte (es)
Blüte
Gemüte
Güte
Hüte (die)
Kajüte
sprühte (er)
Tüte
verblühte (es)
vergüte (ich)

üten
abgebrühten (die)
behüten
Blüten (die)
brüten
Hüten (den)
hüten
verblühten (sie)
verglühten (sie)
vergüten
verhüten
wüten

ütte
Bütte
Hütte
schütte (ich)
Schütte
zerrütte (ich)

ütze
Grütze
Mütze
nütze (ich)
Pfütze
schütze (ich)
Schütze
Stütze

ützen
abstützen
aufstützen
ausnützen
benützen
beschützen
Mützen (die)
nützen
schützen
Stützen (die)
stützen
unterstützen

uf
Behuf
Beruf
Huf
Luv
ruf (ich)
Ruf
schuf (ich)
Verruf
Vesuv
Widerruf

ufen
berufen
einstufen
Hufen (den)
Kufen (die)
rufen
schufen (sie)
Stufen (die)
unberufen
verrufen

uft
Duft
Gruft
Kluft
knufft (er)
Luft
Schuft
schuft (ich)
verpufft

ug
Betrug
Bettbezug
Bezug
Bug
Flug
Fug (mit)
genug
klug
Krug
Lug
lug (ich)
Pflug
Sonderzug
Straßenzug
trug (ich)
Trug
Verzug
Zug

ugend
Jugend
Tugend

uhe
geruhe (ich)
Getue
Ruhe
Schuhe
Truhe
tue (ich)
Unruhe

uhen
ausruhen
beruhen
buhen
geruhen
muhen
ruhen
Schuhen (den)
Truhen (die)
Unruhen (die)

ulden
dulden
erdulden
gedulden
Gulden
Mulden (die)
Schulden (die)
schulden
umschulden
verschulden

ule
Buhle
buhle (ich)
Kuhle
Schule

Spule
spule (ich)

ulen
buhlen
pulen
Schulen (die)
schulen
spulen
suhlen
verspulen

ulle
Ampulle
Bulle
Pulle
Schatulle
Schrulle
Stulle

ult
eingelullt
erduld (ich)
Geduld
Huld
Katapult
okkult
Pult
schuld (ich)
Schuld
Tumult

ūm
Altertum
Boom
Bürgertum
Eigentum
Fürstentum
Heidentum
Heiligtum
Königtum
Konsum
postum
Ruhm

ŭm
Aquarium
Delirium
dumm
Gaudium
Gebrumm
Gymnasium
herum
Kollegium
Kriterium
krumm
Medium
Minimum
Ministerium
Mumm
Opium
Planetarium
Podium
Publikum
ringsum
Rum
Studium
stumm
um
Unikum
Vakuum
warum
worum
zum

ume
Blume
Heiligtume (im)
Krume
Muhme
Ruhme (zum)

umme
dumme (der)
Gebrumme
Gesumme
krumme (der)
Stumme
Summe

ummel
Bummel
Fummel
Gebrummel
Gefummel
Hummel
Mummel
Pummel
Rummel
Schummel
Stummel

ummeln
beschummeln
brummeln
bummeln
einmummeln
fummeln
grummeln
mummeln
schummeln
tummeln

ummen
aufbrummen
brummen
dummen (die)
krummen (die)
mummen
Summen (die)
summen
vermummen
verstummen

ummer
Brummer
Hummer
Kummer
Nummer
Schlummer
Summer

ump
Klump
Lump
plump
Pump

umpel
Gehumpel
Gerumpel
Kumpel
Pumpel
Rumpel
Rumpumpel
Schrumpel

umpeln
humpeln
rumpeln
schrumpeln
überrumpeln

umpen
Humpen
Klumpen (die)
lumpen
Lumpen
Pumpen (die)
pumpen
schlumpen
Stumpen
zerlumpen

umpf
dumpf
Rumpf
Schlumpf
Strumpf
Stumpf
stumpf
Sumpf
Trumpf

un
antun
Huhn
immun
kundtun
Monsun
Neptun
nun
opportun
ruhn
Taifun
tun
Tun
vertun
zutun

und
aufgrund
Befund
Bund
bunt
Fund
gesund
Grund
Hintergrund
Hund
kund
kunterbunt
Mund
Pfund
profund
Rund
rund
Schlund
Schund
Spund
Stund
ungesund
Untergrund
Vagabund
Verbund
wund

unde
Abendstunde
Ehrenrunde
Kunde
Morgenstunde
Munde (im)
Runde
Schrunde
Sekunde
Stunde
Tafelrunde
Wunde
zugrunde

unden
angebunden
bekunden
bevormunden
entschwunden
erkunden
gebunden
gefunden
geschunden
geschwunden
Gesunden (den)
gesunden
gewunden
Hunden (den)
Kunden (die)
munden
runden
stunden
überrunden
ungebunden
unumwunden
verbunden
verschwunden
verwunden
Wunden

under
Burgunder
Erkunder
Flunder
Holunder
Plunder
Pullunder
Weltwunder
Wunder
Zunder

undung
Bekundung
Erkundung
Gesundung
Rundung
Stundung
Überrundung
Verwundung

une
Harpune
Kommune
Lagune
Rune

unft
Ankunft
Auskunft
Brunft
Herkunft
Niederkunft
Unterkunft
Vernunft
Zukunft
Zunft

ung
Änderung
Äußerung
Bändigung
Beerdigung
Befähigung
Befestigung
Begeisterung
Beglaubigung
Begnadigung
Beherzigung
Behinderung
Belästigung
Beleidigung
Berechtigung
Bereicherung
Beruhigung
Beschädigung
Beschäftigung
Bescheinigung
Besserung
Bestätigung
Besteuerung
Betätigung
Beteuerung
Bevölkerung
Bewässerung
Bewilligung
Dämmerung
Dung
Einigung
Erbitterung
Erheiterung
Erinnerung
Erledigung
Erleichterung
Ermäßigung
Ernüchterung
Eroberung
Erschütterung
Feuerung
Förderung
Forderung
Fütterung
Genehmigung
Gliederung
Huldigung
jung
Jung' (der)
Kräftigung
Kreuzigung
Lästerung
Läuterung
Lieferung
Linderung
Maserung
Mäßigung
Mauserung
Milderung
Musterung
Neuerung
Niederung
Plünderung
Reinigung
Schädigung
Schilderung
Schwung
Sprung
Steuerung
Teuerung
Überlieferung
Verbrüderung
Verdächtigung
Vergötterung
Verwilderung
Wanderung
Witterung
Wucherung
Würdigung
Züchtigung
Zung' (die)

unge
Bunge
Junge
Lunge
Zunge
Schwunge (im)
Sprunge (beim)

ungen
ausbedungen
durchdrungen
entsprungen
erzwungen
gedrungen
gelungen
geschwungen
misslungen
notgedrungen
ungezwungen

unk
Funk
Prunk
Skunk
Strunk
Stunk
Trunk

unke
Dschunke
Funke
Halunke
Spelunke
Tunke
Unke

unkel
dunkel
Dunkel
Furunkel
Gefunkel
Gemunkel
Geschunkel
Karbunkel
Karfunkel
Kunkel
munkel (ich)
Ranunkel
Runkel
schunkel (ich)

unken
betrunken
erstunken
ertrunken
funken
Funken (die)
gesunken
prunken
trunken
tunken
Unken (die)
unken
versunken

unter
darunter
herunter
hinunter
kopfunter
mitunter
munter
unter

upfen
hupfen
lupfen
rupfen
Rupfen
schlupfen
schnupfen
Schnupfen
tupfen
Tupfen
zupfen

uppe
Gruppe
Kuppe
Puppe
Schnuppe
schnuppe
Suppe
Truppe

ur
Agentur
Architektur
Armatur
Bravour
Dressur
Dur
Figur
Flur
Fraktur
Frisur
Garnitur
Glamour
Glasur
Inventur
Kandidatur
Karikatur
Klausur
Konjunktur
Kontur
Kreatur
Kur
Lasur
Literatur
Manufaktur
Merkur
Miniatur
Mixtur
Natur
nur
obskur
Politur
Professur
pur
Rasur
Reparatur
retour
Schnur
Schwur
Signatur
Skulptur
Spur
Statur
Struktur
stur
Temperatur
Tinktur
Tortur
Tour
Uhr
Zäsur
Zensur

uren
Amouren (die)
erfuhren (sie)
Fluren (die)
fuhren (sie)
Kreaturen (die)
kuren
spuren
sturen (die)
touren
Uhren (die)

urm
Sturm
Turm
Wurm

urren
gurren
knurren
murren
schnurren
surren
zurren

ūs
Blues
diffus
Fuß
Gruß
konfus
Ruß

ŭs
Autobus
Beschluss
Beschuss
Bus
Entschluss
Erguss
Fidibus
Fluss
Genius
Genuss
Guss
Habitus
Ikarus
Kuss
Muss
muss (ich)
Nuss
Obolus
Omnibus
Pegasus
Pfiffikus
Plus
Radius
Schluss
Schuss
Sozius
Spiritus
Überdruss
Überfluss

Überschuss
Verdruss
Verschluss

usch
Busch
Husch
husch (ich)
kusch
Pfusch
Tusch

usche
Busche (im)
Gusche
Lusche
Retusche
Tusche

use
Bluse
Druse
Fluse
Geschmuse
Meduse
Muse
Pampelmuse
Suse

ūst
ruhst (du)
rußt (es)
schmust (er)
tust (du)
verrußt
Wust

ŭst
August
bewusst
Brust
gewusst
just
Lust
musst (du)
robust
unbewusst
unterbewusst
Verlust

uste
Kruste
Languste
musste (er)
Verluste (die)
wusste (er)

ut
absolut
akut
Attribut
ausgeruht
Blut
Brut
Disput
Flut
Glut
Gut
gut
Hut
Institut
Mut
Nut
Rekrut
resolut
Salut
Sud
Tribut
Übermut
Wankelmut
wohlgemut
Wut

ute
Gute (der)
Jute
Kanute
Knute
Minute
Nute
Pute
Route
Rute
Schnute
Stute
zugute
zumute

uten
bluten
fluten
Fluten (die)
Gluten (die)
Minuten (die)
muten
sputen
Stuten (die)
tuten
überfluten
vermuten
zumuten

utt
Butt
Dutt
kaputt
Perlmutt
Schutt

utter
Butter
Futter
Kutter
Mutter

utz
Eigennutz
putz (ich)
Putz
Schmutz
Schutz
Stutz
Trutz
zunutz

utzen
ausnutzen
benutzen
Butzen
Nutzen
nutzen
putzen
stutzen
trutzen
verputzen
verschmutzen